Collection
PROFIL PHILOSOPHIE
dirigée par Georges Décote

Série
TEXTES PHILOSOPHIQUES
sous la direction de Laurence Hansen-Løve

Lettre à Ménécée

ÉPICURE

Maximes et Sentences
Documents

TRADUCTION, INTRODUCTION
ET COMMENTAIRES
PAR PIERRE PÉNISSON
agrégé de philosophie

HATIER

Sommaire

ISBN 2-218-05056-0

ISSN 0337-1425

INTRODUCTION

Pourquoi Epicure aujourd'hui

L'épicurisme, la « philosophie du plaisir », voilà une doctrine qui semble connue. Ajoutons aussitôt : si connue qu'on ne cherche plus à la connaître si bien qu'elle devient, non étudiée, mal connue, méconnue.

Or Epicure recèle, croyons-nous, bien plus de profondeur et de richesse que ce qu'on lui accorde habituellement. Ses textes méritent d'être lus, ou plutôt goûtés, car il y faut une lenteur toute particulière. N'oublions pas d'ailleurs qu'à leur époque on les disait à haute voix, on les répétait jusqu'à s'en imprégner pour les méditer longuement et les mettre en pratique le mieux qu'il était possible. Les pages d'Epicure qu'on lira sont étonnamment brèves, d'une concision qui déroutera ceux qui ont coutume de lire vite et en survol. Loin d'acquérir les « bases » ou l' « essentiel », comme disent les esprits superficiels, un lecteur pressé n'en retirerait qu'un savoir inutile et très peu de plaisir[1].

Mais comment lire Epicure ? On ne trouvera pas chez lui de ces grandes abstractions glaciales que l'on redoute souvent devant un ouvrage de philosophie. Le projet d'Epicure s'avère pourtant très ambitieux, dans sa simplicité même : supprimer le mal et nous combler de joie. L'auteur recherche et décrit une pratique, un art de vivre. On connaît la formule de Marx : « Jusqu'ici les philosophes ont interprété le monde de différentes façons ; ce qui importe, c'est de le transformer. » Celui-ci a consacré ses premiers travaux à l'épicurisme précisément (dans *La différence de la philosophie chez Démocrite et Epicure*). Assurément, il existe un lien entre le vieil auteur grec affirmant la réalité de la matière — sous forme d'atomes — et dénonçant les méfaits des mythes et le théoricien allemand élaborant son matérialisme et accusant les leurres de l'idéologie. Chez les deux pen-

1. Nous renvoyons aux *Maximes* par M et aux *Sentences* par S suivi du chiffre correspondant.

seurs la théorie est là au service d'autre chose, elle est un moment et non un tout valant en soi.

Marx comme Epicure voulait un dépassement de la philosophie au-delà d'elle-même, dans la réalisation concrète et heureuse de la vie bonne. C'est ici que se dégage peut-être l'intérêt le plus grand d'Epicure. S'il est vrai que sa doctrine ne peut se comparer à des doctrines plus complexes et à des pensées riches de toute une histoire, le plaisir cependant, matière et même chair du bonheur, dépasse toute époque, il n'est jamais inactuel, il ne peut être englouti par l'histoire. Pour peu qu'on la comprenne, la pensée du plaisir ne vieillit pas au gré des époques. Si ses conditions historiques varient, ses principes, ceux-là mêmes que montre Epicure, demeurent. Il y avait, sous-jacente, une idée du plaisir chez Marx et il ne put l'exploiter. De nos jours, issues peut-être de la phénoménologie, par exemple chez Merleau-Ponty, et de Nietzsche et de Freud, on voit fourmiller, se substituant aux vastes et puissants systèmes qui façonnèrent la philosophie, des envies de concret, des apologies du corps et des proclamations du plaisir. Ces pensées se veulent multiples et disséminées ; elles souffrent mal les contraintes d'un système que des lois rigoureuses unifieraient. Mais, par cette raison même, ces pensées du plaisir s'avèrent souvent d'un abord difficile et d'une lecture parfois aussi vite déçue qu'elle avait été séduite. Les fragments épicuriens renferment une pensée dont la féconde simplicité doit permettre de penser avec cohérence une philosophie du plaisir. Epicure peut ainsi, depuis le lointain horizon d'une Grèce quelque peu différente de celle que l'on connaît par Platon et Aristote, nourrir notre réflexion en déployant, au fil de ses écrits, le plaisir de penser.

Le plaisir calomnié

L'adjectif « épicurien » qualifie habituellement un individu « qui ne songe qu'au plaisir », comme disent les dictionnaires courants. Dès lors, se comporter en épicurien semble peu compatible avec une certaine idée de la philosophie. Car « être philosophe », comme on aime à dire, n'est-ce pas plutôt savoir prendre les choses comme elles viennent, s'en accommoder même si elles n'offrent aucun plaisir ?

Une longue tradition scolaire a mis en place une distinction bien tranchée entre ceux qui sont philosophes et ceux qui ne pensent qu'au plaisir. Les premiers correspondent plus spécialement aux défenseurs d'une morale très austère et tenant des propos hautement édifiants : ce sont ces sévères Romains qu'on appelle les « stoïciens ». Les seconds seraient plutôt Grecs, confinant presque à une poétique frivolité : parmi eux figurent les épicuriens. Devant une telle opposition, on sera assurément enclin à opter pour la « bonne » philosophie stoïcienne et à rejeter le plaisir des épicuriens.

De fait, les ennemis d'Epicure, nombreux et divers, ont facilité cette vision en s'appliquant à dépeindre les horreurs perpétrées par les « pourceaux d'Epicure », vautrés dans la débauche. Epicure lui-même, initiateur de cette secte, aurait vécu dans un luxe scandaleux, si avide de nourriture qu'il « vomissait deux fois par jour » !

Pourquoi une telle caricature, si contraire à ce que disent les textes d'Epicure ? C'est comme s'il y avait quelque danger à traiter du plaisir. Pour parer ses assauts tous les coups seraient permis. Remarquons d'ailleurs que la question de la nourriture suscite tout particulièrement les attaques. Un disciple d'Epicure avait écrit : « Tout plaisir vient du ventre. » Or le ventre n'est-il pas une partie du corps ignoble ? N'associonsnous pas confusément les viscères aux ténèbres tandis que le siège de la clarté définissant le philosophe est dans la tête ? Tout conspire à accabler l'erreur épicurienne, tout invite à menacer les adeptes du plaisir qui au demeurant ne manqueront pas, à en croire leurs ennemis, d'être punis par où ils ont péché. Au XVIIIe siècle encore, on se gaussera d'un épicurien, La Mettrie, mort, prétend-on, pour s'être gavé de trop de pâté ! Assurément le ventre effraie ; cette partie du corps qui n'est que corps échappant aux injonctions de la volonté attirera les foudres aussi bien des disciples tardifs de Platon que des penseurs chrétiens, qui mettront parfois Epicure du côté du diable. On le voit : quand il s'agit du plaisir, la rigueur du raisonnement cède devant d'obscurs fantasmes.

Or cette diffamation ne résiste pas à la lecture des textes dont il est l'auteur. A l'usage de qui se fourvoierait dans cette étude, la vaste tradition philosophique qui s'inspire du christianisme a prévu très tôt une mise en garde : cherchant le plaisir, on sera déçu car on ne trouvera qu'une doctrine terriblement ascétique. Certes, Epicure ne peut sérieusement être accusé de luxure, mais c'est qu'il se portait mal. Il n'a pas du tout vécu dans la magnificence, mais c'est qu'il ne se montra pas capable de devenir riche. Son plaisir réside dans un repas d'orge et d'eau ! Le comble du luxe consiste en un peu de poisson ! De la sorte est préparée une déception : alléché par le plaisir, on trouve la misère. Ce procédé, maintes fois répété depuis Cicéron, est à la fois habile et grossier.

Mais il reste qu'Epicure n'est pas aussi différent du stoïcien que l'on pense. Cela cependant ne doit pas signifier que chez Epicure le plaisir est impossible. Certains de ses adversaires croyaient, en effet, qu'à chercher le plaisir dans la débauche, on trouve la souffrance ; d'autres, au contraire, prétendaient qu'à poursuivre le plaisir sans luxure, on ne trouve que l'ascèse. De là, il est facile de conclure que le plaisir doit se chercher ailleurs que dans la philosophie épicurienne.

Or cela ne serait vrai que si le plaisir sans luxure n'existait point : ce qu'il faudra vérifier en lisant Epicure sans les préjugés qui le falsifièrent.

Epicure et son temps

Après avoir dénoncé le mythe, examinons qui était Epicure et comment il se situe en son époque.

Les écoles philosophiques

Socrate avait montré que tout savoir commence par un retour sur soi-même. Mais cette riche vérité du « connais-toi toi-même », sur laquelle se fonde toute la philosophie platonicienne, puis aristotélicienne, avait donné lieu à deux graves contresens. Les *Cyrénaïques*[1] avaient fait de l'individu le juge de tout, confondant connaissance de soi-même et individualisme forcené, ruinant ainsi la possibilité d'un savoir vrai et d'une unité sociale. Socrate renvoyait l'homme à son ignorance, mais c'était en vue de le tourner vers le savoir vrai. Avec Diogène et les autres *Cyniques*[2], toute entreprise philosophique est rendue impossible, et le « connais-toi toi-même » est accablé de sarcasmes. Ainsi, lorsque Diogène feignait de chercher le « soi » avec une lanterne en plein jour, et prétendait montrer son indépendance de pensée en ne respectant pas le sentiment de pudeur, dans lequel il ne voyait qu'une oppressante et ridicule convention sociale. Enfin il raillait le monde de Socrate en bornant son univers à l'espace d'un tonneau !

Ces contresens cyrénaïques et cyniques ne sont pas dénués d'intérêt, mais, pour intelligents qu'ils soient, ils firent régner un grand désarroi dans le monde où

---

1. *Cyrénaïques :* Philosophes de l'Ecole de Cyrène, fondée par Aristippe (IVe siècle av. J.-C.), mettant la fin de l'action humaine dans des plaisirs sans cesse variés.

2. *Cyniques :* Ecole philosophique du IVe siècle av. J.-C. Le terme signifie : qui ressemble à un chien. Mouvement fondé par Antisthène, dont le plus fameux philosophe est Diogène (413-327 av. J.-C.).

Epicure est né. Des *Sophistes*[1], tel Protagoras, ont beau jeu, dans cette situation, de dire que « l'homme est la mesure de toutes choses », c'est-à-dire que la vérité n'est point la même pour tous mais relative à chacun. Dès lors, Thrasymaque ou Calliclès, ces sophistes particulièrement honnis par Platon, peuvent bien vanter l'injustice ou la fausse raison du plus fort ; de tout cela les *Sceptiques*[2] tirent les conséquences : il n'y a finalement point de mesure du tout. Une vérité relative à chacun revient à l'absence de toute vérité. Donc, en toute rigueur, on ne peut rien affirmer et rien définir. Il ne reste qu'une solution : l'indifférence devant tout.

Le contexte politique

Ce désarroi de la pensée est contemporain d'une grande misère politique. En 338 av. J.-C., Athènes perdait la bataille de Chéronée et du même coup son hégémonie. Après la mort d'Alexandre, en 323, ses généraux se disputent le pouvoir. Le travail manquait et la cité se montrait incapable d'entreprendre les grands travaux militaires et commerciaux — routes, chantiers navals, etc. — qui avaient fait sa richesse, comme de payer ceux qu'elle employait. On envoyait dans les colonies les individus réduits à vagabonder. On rapporte qu' « ils erraient dans les terres étrangères avec femmes et enfants ; beaucoup s'engageaient comme mercenaires et mouraient en combattant les gens de chez eux ». Le déclin d'Athènes fut si précipité que déjà Aristote pouvait décrire la cité comme « une ville d'esclaves et de maîtres, et non d'hommes libres ».

---

1. *Sophistes :* Ils réduisent toute argumentation à un jeu de langage où la force et l'habileté à parler et non pas le vrai l'emportent.

2. *Sceptiques :* Si le terme ne signifie tout d'abord que l'examen exempt de préjugé, il devient vite cependant une Ecole philosophique qui s'en tient à un doute indéfini dont on ne peut sortir. Le fondateur le plus important de cette tendance fut Pyrrhon (365-275 av. J.-C.).

Le monde que découvre le jeune Epicure est en ruine. Politiquement aussi bien que philosophiquement, Athènes est désemparée. Or Epicure n'est pas vraiment athénien. Il naît en 341 dans l'île de Samos mais est cependant en contact avec la culture athénienne par son père, maître d'école. C'est un privilège pour son instruction, mais cela indique par ailleurs une origine très pauvre et déclassée, puisque cette fonction était ordinairement remplie par des esclaves spécialisés. Sa mère a pour métier la récitation de prières rituelles, si bien qu'Epicure connaît fort bien les mystères et les misères de la religion populaire.

N'étant pas en position dominante géographiquement, Epicure ne rencontre pas directement la philosophie prépondérante, par sa force et son prestige, celle de l'Académie platonicienne et du Lycée aristotélicien. Il sera surtout formé par Nausiphane, disciple de Démocrite, le matérialiste détesté par Platon. C'est donc Nausiphane qui fait le lien entre les deux grands penseurs de l'atomisme antique, proches et différents, Démocrite et Epicure (l'atome désigne l'unité indivisible de la matière, formant l'élément premier du monde. L'agrégation d'atomes constitue les différents objets du monde : planètes, corps, etc.).

En 322, Epicure séjourne à Athènes, non point comme riche étudiant mais comme exilé — les colons de Samos ayant été chassés de leurs terres —, remplissant un devoir militaire. Platon était mort depuis vingt-cinq ans. Aristote, absent, était remplacé par Théophraste, dont Epicure a très certainement connu l'enseignement. Cependant, il restera plus marqué par la leçon matérialiste de Démocrite que par une philosophie officielle dont il semble peu préoccupé.

Après avoir rejoint sa famille à Colophon, il fonde, en 310, sa propre école, à Mytilène puis à Lampsaque, encore loin du centre athénien. Mais les amis dont il s'entoure, parmi lesquels on remarque des notables très considérables, le convainquent de s'établir à Athènes. Là encore il ne s'installera pas au centre de l'activité politique et intellectuelle, dans cette « agora » que Socrate fréquentait, mais il se retire en son légendaire « Jardin » (c'est de là que vient l'expression « Jardin d'Epicure » indiquant un lieu isolé et agréable où l'on trouve son bonheur). Il l'acheta en 306 et ne le quittera que pour de brefs voyages ; il y termine ses jours en 271 après une douloureuse et longue agonie due à la maladie de la pierre. Maître et fondateur d'une Ecole, Epicure régla par un testament méticuleux la succession de son enseignement. Son mouvement garda ainsi une étonnante continuité, se perpétuant jusqu'à la fin du règne de César (en 44 avant J.-C.).

Parce qu'il se pratique dans le petit espace du Jardin avec des amis choisis et non dans la grande Cité parmi des hommes de toute sorte, l'épicurisme peut paraître très apolitique. Il constitue bien cependant une réponse à la situation politique de son époque. Platon déjà recherchait une solution au marasme athénien, au temps de *la République.* Dans le *Gorgias,* il dénonce en Calliclès l'insoutenable défenseur de l'esclavage et de l'injustice. Seulement, face à la tyrannie croissante et à l'horreur de la cité en proie à la violence, Platon avait élaboré la noble utopie d'une Atlantide où le Vrai, le Beau et le Bien régneraient sans partage. Mais quelque trente ans plus tard le désastre est tel qu'aux yeux d'Epicure la politique platonicienne semble vaine, et donc fausse. Epicure, insulaire dominé, n'attend rien du très aristocrate Athénien qu'est Platon. Il le traite de « tout en or », dénonçant ainsi sa position sociale de riche et de puissant ainsi que sa politique en somme réactionnaire : Platon voulait retourner à des situations antérieures, comme si l'histoire pouvait recommencer. Epicure ne voit, dans les platoniciens contemporains, que des « flatteurs de Dionysos », entendez des amateurs du désordre chatoyant et séducteur dont ce dieu a le secret.

On a pu dire que l'épicurisme fut « une grande réaction contre une foule d'outrages ». Ainsi la philosophie du plaisir répondrait aux troubles d'une époque, à la propagation du mal, à l'indifférence des nouveaux philosophes. Et en effet le trouble politique pénètre au fond de l'âme, semant une crainte destructrice du plaisir, doublant la misère sociale d'un malheur intellectuel.

S'il en est ainsi, la philosophie d'Epicure n'est pas une fuite devant la politique, comme certains le croient, soit pour l'en blâmer parce que ce serait une lacune rendant impraticable cette philosophie, soit pour l'en louer parce que la politique représenterait on ne sait quelle immorale activité. Epicure ne se laisse point emporter par le flux catastrophique d'une histoire politique. D'une certaine manière, il reformule la question politique : qu'est-ce qui est ici en jeu et où situer le juste débat ? Il ne s'agit point de savoir quelle école philosophique a tort ou raison — à vrai dire les sceptiques déboutent et annulent cette question — ni ce qu'est en soi la justice, mais : comment dissiper le trouble dont on souffre ?

Commentaire

La fin du trouble

Les dieux ne sont pas à craindre

Si les dieux décident de notre destin à notre insu, à quoi bon la politique, c'est-à-dire la direction de nos destinées par nous-mêmes ? Dans la Grèce antique, les mythes fatalistes furent longtemps un moyen réputé pour annuler toute velléité d'émancipation. Mais on sait aussi qu'Athènes fut ce lieu prodigieux où l'on assiste à l'abandon des mythes au profit du politique. Les tragédies classiques sont la mise en scène de ce débat entre mythe et politique. Ainsi, lorsque Epicure stigmatise le culte de la fatalité, auquel à nouveau succombe son époque, il innove moins — comme le croira Lucrèce — qu'il ne réactive une force déjà existante. Alors qu'il semble quelque peu détoner dans l'histoire grecque, Epicure est, ici comme en tant d'autres points, plus grec encore que ses contemporains.

On doit à l'oncle de Platon, le tyran Critias, un vigoureux exposé louant dans la religion le moyen de s'assurer la soumission des foules. Mais Epicure tient qu'un tel usage du divin est à vrai dire impie (cf. p. 47). En effet, cela réduit le divin à une menaçante angoisse devant laquelle l'individu s'incline, apeuré, sûr de n'être pas le maître de ses destinées, prêt à se soumettre sans regimber à tout pouvoir qui s'autorise de la religion. L'individu se fait alors la proie consentante de l'oppression politique.

A l'époque d'Epicure, l'usage des mythes est tel que pour les Grecs les dieux effraient par le biais des « phénomènes célestes » ; les dieux sont foudre, éclair, étoiles, tourbillons et gouffres affreux. De fait, « l'astro-théologie », croyance en la divinité capricieuse des météores, était alors florissante et c'est pourquoi Epicure ne se lasse jamais d'examiner les phénomènes météorologiques pour les « démystifier ».

Démystifier signifie ici assigner les vraies causes ; en d'autres termes, remettre les choses à leur place exacte. Si l'on ne voit dans le tonnerre qu'un mouvement de particules, on ne pourra plus s'angoisser à l'idée que c'est là un dieu vengeur décidant avec caprice de notre destin. La physique épicurienne, spécialement la météorologie, fait ainsi disparaître les dieux des lieux où ils ne sont pas, tout se passant comme si Epicure purifiait l'univers en séparant le divin du physique. Sa philosophie de la nature, que nous n'étudions pas ici mais qui faisait l'objet d'une grande partie de son œuvre très abondante, offre le tableau d'un univers limpide où les dieux ne parlent plus. Toutes choses égales d'ailleurs, il accomplit ce que la science galiléenne réalisera bien des siècles après. D'une certaine manière, lorsque Pascal s'effraie « du silence éternel des espaces infinis », il fait un lointain écho, sinon à Epicure, du moins à son disciple Lucrèce. Car déjà Lucrèce a peine à taire son angoisse devant ce monde infini. Les six chants de *De la Nature des choses* font l'éloge d'Epicure, pourfendeur de mythes, mais Lucrèce n'atteint pas à la sérénité épicurienne. Dans l'univers démystifié de Lucrèce, comme dans l'univers mathématisé de Pascal, la disparition des bruits faits par les dieux donne un silence nourri d'absence. Or, sur ce point encore, Epicure est très grec. Pour qui saurait quelque peu de grec, sa langue dirait un autre silence, au demeurant célèbre : celui d'une mer calme et ensoleillée. Ce ne sont point les dieux qui parlent, mais la douceur d'un vent frémissant à la crête des vagues. Pas de signification surabondante mais *« charis »* : le plaisir du charme. Car le monde épicurien, sans dieux tonnants et foudroyants, ne sépare pas l'homme du monde ; la nature et l'homme ne rivalisent plus mais sont réconciliés.

On s'étonnera alors qu'Epicure continue d'affirmer que l'existence des dieux est « évidente » (cf. p. 47). Il s'agit pour lui de cerner les causes du trouble et, si faire se peut, de le dissiper. On peut alors conserver ces dieux, s'ils demeurent en d'autres mondes, indifférents à notre condition. Par ailleurs, il n'y a pas lieu de chercher une preuve de l'inexistence des dieux ; seule importe l'absence de contact entre nous et eux, capricieux dispensateurs de biens et de maux. Notons alors, encore que ce point dépasserait notre propos, que les dieux sont des images idéales du bonheur. Bien anthropomorphes aux yeux de la fine théologie chrétienne, ces dieux épicuriens nous hissent à un bonheur auquel parvient le sage « semblable à un immortel » (cf. p. 50).

Le hasard effrayant

D'après les croyances populaires de cette époque, les dieux agissaient selon un hasard capricieux devant lequel l'homme est impuissant. Mais, à mieux y regarder, ce hasard revient au même que le pire fatalisme. Il n'y a en effet rien à entreprendre par soi-même ou à espérer, que ce soit par sa force propre ou en infléchissant les dieux par des prières. Autant, comme le disaient certains auteurs de l'époque, se laisser mourir de faim... si la fatalité l'a prévu ! Si, à l'inverse, tout n'est réellement que hasard, si donc rien ne dépend d'une cause saisissable ou si, cela revient au même, les dieux décident selon leur pur caprice, on ne saurait rien entreprendre ou espérer puisque le cours de notre vie et du monde échappe encore une fois à nos prises. Ainsi, on le voit, fatalité et hasard aboutissent au même résultat. Le mal qui en découle, c'est l'attente craintive : hasard et fatalité hantent un présent plein d'inquiétude, un avenir inconnu, soucieux d'une mort à la fois haïe parce qu'elle est la fin de la vie et désirée comme la fin des maux dont souffre le présent (cf. p. 47).

Les premiers mots du « quadruple remède » : « Les dieux ne sont pas à craindre », résument ce qui importe le plus. En effet, la crainte des dieux est la plus néfaste. Se croire soumis au hasard ou à la fatalité est la première superstition, peut-être même la source de toutes les autres. Souvent les philosophes condamnent la superstition parce qu'elle est fausseté ; Epicure la rejette parce qu'elle fait le malheur des hommes. En croyant au hasard, on se réduit en somme à l'état de bête peureuse, inapte à conduire sa destinée, créant ainsi les conditions d'une misère dont on est soi-même responsable.

La Fortune libératrice

Une fois libérés du préjugé fataliste, nous voyons que les événements dépendent bien plus de nous que nous ne l'avions cru. Cependant, tout ne dépend pas de nous. Sur ce point, Epicure n'est pas si éloigné des philosophes stoïciens qui fondent leur réflexion morale sur la différence fondamentale entre « ce qui ne dépend pas de nous », contre quoi il serait stupide de lutter, et « ce qui dépend de nous », à partir de quoi nous avons à exercer notre devoir. Or l'épicurisme sera surtout sensible à « ce qui dépend de nous », domaine en quelque sorte toujours plus vaste que ce qu'une certaine paresse — encline à incriminer le hasard — veut nous faire accroire. De plus, « ce qui dépend de nous » n'est pas seulement cause de devoirs austères mais aussi de jouissances heureuses. Les stoïciens voient dans « ce qui ne dépend pas de nous » un ordre naturel immuable, et l'on peut se demander si leur philosophie ne risque pas de devenir un peu servile, un peu trop vite soumise au maître qu'est alors leur « nature ». Dans « ce qui ne dépend pas de nous » ne faut-il pas plutôt voir, avec Epicure, quelque chose de purement circonstanciel ? Certes, lorsque certains événements se rassemblent fortuitement, nous sommes impuissants devant eux ; l'accident, la mort, ne sont pas notre fait mais celui de ce qu'Epicure nomme la « Fortune ». Devant elle, nous sommes telle « une cité sans défense » (cf. S. 31).

Mais, si les circonstances viennent limiter notre capacité de prévoir, et donc d'agir, elles ne sont cependant pas un obstacle à notre liberté. Elles montrent que notre situation actuelle peut changer et qu'elle aurait pu être différente, autrement dit : cette situation n'est pas nécessaire, au sens où nécessaire veut dire « ce qui est ainsi et ne saurait être autrement ». Le « destin des physiciens » (c'est-à-dire l'ordre immuable, fatal, devant lequel s'inclinent les stoïciens), dont parle la *Lettre à Ménécée* (cf. p. 50), ferait de notre vie un déroulement inéluctable. Au contraire, pour Epicure, grâce à la Fortune — c'est-à-dire à ce qui est simplement circonstanciel — nous ne sommes pas soumis à un ordre immuable qui nous assujettit inexorablement. Souvent, nous pouvons modifier notre situation, pour peu que nous le voulions ; si c'est impossible, nous n'avons pas à regarder les conditions de notre existence comme un destin mais seulement comme quelque chose d'accessoire. Un exemple : le malade qui se soumet au « destin des physiciens » verra dans son mal une nécessité qui touche le cœur même de son existence. Dès lors, il ajoutera à son mal physique un comportement de malade, il se sentira malade en quelque sorte au fond de lui-même ; la maladie deviendra le centre même de son existence. Avec l'épicurisme on ne verra au contraire dans la maladie qu'une caractéristique secondaire, un « accident » comme disent les philosophes. Alors il cherchera à guérir ou bien regardera son mal comme quelque chose d'accessoire, qui ne touche pas le fond de lui-même, son « essence », diraient encore les philosophes.

A notre époque, Sartre a développé le thème suivant lequel l'homme est libre parce qu'il est « l'être des possibles » et non soumis au poids d'une situation nécessaire. Sartre avouait sa prédilection pour les philosophes stoïciens, mais, en fait, il nous semble plus proche de certains thèmes épicuriens. Une maxime proclame : « Lorsque la fatalité nous expulsera, nous cracherons sur l'existence et sur ceux qui y sont englués, puis nous chanterons magnifiquement la beauté de notre vie passée » (cf. S. 47). La fatalité, ou plutôt ce que le commun prend pour tel, la mort, nous détache de l'existence. Cela signifie simplement que nous n'avons pas à adhérer à notre existence, à nous y « engluer », comme le dit Epicure en une image que l'on peut retrouver maintes fois sous la plume de Jean-Paul Sartre. *S'engluer* voudrait dire prendre pour essentielles à notre vie les simples circonstances de notre situation. Ainsi, grâce à la Fortune, nous ne « collons » pas à la réalité, nous sommes plus et autre chose que ce qui est donné dans cette réalité. Bien sûr, il n'y a pas du tout lieu de conclure de cela que nous sommes ailleurs, que nous appartenons à quelque « au-delà » ; ce serait là méconnaître tout l'épicurisme. La situation venant des circonstances n'a rien de nécessaire, nous ne lui devons ni culte ni obligations au destin : « c'est comme ça et cela aurait pu être autrement », voilà ce qui définit une « situation ». De là vient cette vérité, sans doute difficile dans sa simplicité même : la Fortune libère plutôt qu'elle n'asservit.

En comprenant cela, nous pouvons éviter un contresens souvent commis à propos d'Epicure. Les commentateurs voient parfois en lui le défenseur d'une « petite » philosophie se réduisant, relativement à la morale, à un bonheur volontiers médiocre, tout juste suffisant pour pallier la misère sociale évoquée plus haut. Il faudrait peut-être même aller jusqu'à dire que les descriptions du bonheur sont rarement convaincantes, qu'elles agacent même parfois. Or Epicure ne décrit pas le bonheur, il ne prétend enfermer personne dans un étroit « jardin » pour l'y vouer à une satisfaction aussi béate que médiocre. Epicure ouvre des perspectives beaucoup plus vastes, où la Fortune elle-même vient servir l'immense étendue des plaisirs.

Du plaisir

Le plaisir dans la chair

Au même titre que Platon et Aristote, quoique de manière bien différente, Epicure recherche le « bien vivre », *« euzein »*, présent dans toute la philosophie grecque. Non seulement le « bien vivre » ne saurait être sans un certain plaisir mais encore, là est la spécificité épicurienne, il s'accomplit *dans* le plaisir ; bien vivre devient : avoir la vie bienheureuse ; la sagesse se fait bonheur.

Même le plus sévère ennemi du plaisir vise encore le plaisir, mais son erreur consiste à le placer mal, soit ailleurs qu'à sa juste place, soit à côté comme un accessoire. Or, la leçon épicurienne nous apprend qu'il est le but mais aussi le centre de la vie.

Non seulement les actions humaines montrent que l'on aime et recherche le plaisir. C'est là comme un fait brut que l'on peut affirmer en en faisant l'objet d'une proposition philosophique initiale. Mais, si besoin est, Epicure démontre le plaisir par une déduction : lorsqu'il est absent, nous le recherchons, nous ne restons pas dans la douleur et l'angoisse. Ainsi, douleur et angoisse prouvent *a contrario* l'impératif du plaisir.

De plus, le plaisir doit être ici et maintenant, dans le présent de notre existence. En manquant cela nous « différons la joie » (cf. S. 14). Dire, comme beaucoup le font, que le plaisir viendra ailleurs et plus tard, ce n'est pas une judicieuse économie mais une erreur sur la nature du plaisir. Une telle erreur est cause de souffrance. Qui diffère la joie se contredit : il refuse le plaisir en prétendant au plaisir. Il ne faut donc pas suivre les politiciens qui nous proposent de souffrir aujourd'hui pour jouir demain, non plus que les théologiens qui nous enjoignent de souffrir dans nos corps vivants en attendant la béatitude. Ici encore, Epicure démystifie ; le plaisir n'est ni dans l'avenir ni au ciel mais dans le corps présent.

Pour nous éloigner du plaisir, certains le peignent comme quelque chose de fort complexe et subtil, événement « céleste » ou « divin » qu'on lit plutôt dans les romans que dans le cours réel de la vie. Or pour l'épicurisme le plaisir n'est d'abord — mais cela importe beaucoup — qu'absence de douleur. Ici encore, la douleur est preuve *a contrario* du plaisir, lequel n'est d'ailleurs peut-être pas chronologiquement premier. Dans cette perspective, on peut même dire que la fonction de la douleur est de nous appeler au plaisir (cf. S. 73). Tout se passe comme si l'expérience première était le trouble, dans la douleur du corps ou l'angoisse de l'esprit.

Mais dès que douleur et angoisse se sont tues, on trouve réellement et pleinement le plaisir. Etat tellement simple qu'il s'oublie trop souvent. Et c'est précisément cette réalité éprouvée du plaisir qui constitue le point d'ancrage de la morale épicurienne. Cette question — l'absence de douleur est-elle le plaisir ? — fit l'objet d'un rude débat entre les épicuriens et leurs proches opposants, les Cyrénaïques (cf. p. 63-64). Ces derniers défendaient assurément le plaisir mais niaient qu'il puisse résider dans l'absence de douleur. Selon eux, le plaisir se trouve uniquement dans l'excitation incessante, toujours mobile, des sens. On imagine ce qu'implique ce « dérèglement de tous les sens ». A vrai dire, lorsqu'on vilipende les prétendus débordements épicuriens, on décrit les Cyrénaïques. Les « libertins » des XVIIe et XVIIIe siècles français sont plus proches de ces derniers que d'Epicure.

Le plaisir, simple et réelle absence (c'est cela que l'on comprend souvent mal) de douleur, affecte l'âme tout autant que le corps. Là encore, les Cyrénaïques avaient beau jeu d'affirmer que les souffrances physiques l'emportent sur celles de l'âme. Ils sont un peu comme des gens installés dans l'aisance qui n'ont d'autre souci que les désagréments de leur corps : matérialisme de privilégiés en somme ; alors qu'Epicure remarque les ravages considérables de certains troubles de l'esprit. Car l'âme égarée par une vaine opinion ne reste pas sans effets sur le corps. Lorsque l'esprit mal éclairé fait des conjectures sur la douleur, il s'imagine, coûteuse erreur, qu'elle croîtra indéfiniment ou durera toujours. Par là, une douleur imaginaire vient s'ajouter à la souffrance du corps. Le trouble dans l'âme, nourri par l'ignorance et les préjugés, la fait souffrir et redouble la douleur du corps, double maléfice qu'on ne saurait sous-estimer comme le font les Cyrénaïques.

Devant la maladie deux attitudes sont possibles : ajouter quelque chose, un remède, ou bien ôter, par exemple au moyen du jeûne ou de la diète. Avec Epicure, la maxime : « on peut supprimer la douleur » signifie qu'il suffit de soustraire un surplus pour retrouver le plaisir. Ce surplus procède le plus souvent de notre imagination. Nous souffrons plus de l'idée que « ça ne va pas s'arrêter » que du mal lui-même. L'imagination augmente donc la peine en projetant dans le futur ce qui n'est qu'un instant dans le corps. Or dans l'instant nulle douleur n'est insupportable. Ce que les médecins nomment « douleur exquise » — lors d'une fracture par exemple — est si soudain qu'on n'a pas même le temps de souffrir beaucoup, précisément parce que l'imagination ne s'est pas encore affolée. Ainsi, le corps réduit à lui-même, soustraction faite des effets de l'imagination, « remis à sa place » en quelque sorte, ignore l'insupportable.

On découvre alors que la nature (l'ensemble des phénomènes explicables), dénuée de chimères émanant de l'âme troublée, est toute plénitude. Elle est elle-même et rien qu'elle-même, sans se contredire dans l'excès. Une nature qui s'excède hors d'elle-même n'est plus une nature. L'abus est hors nature, voire contre nature. L'anti-nature n'est jamais que le fait ou l'opinion de l'homme. Par ce biais, Epicure retrouve une notion très grecque de la nature : *cosmos*, c'est-à-dire monde ordonné, dont on peut rendre raison, harmonieux, agencé selon des proportions justes, mais aussi fragile. Pour Epicure, le point d'ancrage de cette harmonie naturelle n'est pas l'ensemble de l'univers mais bien d'abord le corps de l'individu humain.

Le plaisir dans les limites du simple besoin

Par le corps la nature se contient dans des limites, elle trouve son site. Sans excès, nous retrouvons la plénitude naturelle. Nous jouissons dans l'absence de douleur, nous ne contrevenons pas à la nature, nous coïncidons avec elle en une relation adéquate, nous sommes dans le vrai. Et ce vrai n'est pas, comme il le sera dans la science moderne, un ensemble de lois abstraites, il est jouissance. Mais si nous rompons avec la nature, nous perdons le vrai, nous tombons dans l'excès, nous devenons la proie de la souffrance.

Certains prétendent jouir dans la surabondance de richesses ou le dérèglement des sens. Il n'y a pas lieu de les en blâmer au nom de l'austérité morale mais de plaindre leur erreur (cf. M. X). Jamais d'ailleurs Epicure n'envisage de bannir toute forme de superflu. Si le lecteur considère attentivement tous les fragments relatifs aux besoins, il verra qu'il y est question d'un curieux mouvement consistant à franchir quelque peu des limites pour s'y réenfermer. On pourrait envisager une autre attitude, chère à bien des traditions ascétiques, consistant à restreindre progressivement les limites pour atteindre on ne sait quel minimum absolu qui recouvrirait alors strictement la « nature ». Or Epicure semble soucieux de ne pas fixer ces limites. On ne trouve pas chez lui d'estimations quantitatives. Les *Maximes* parlent du « peu » qui suffit et du « trop » qui nuit. Par contre, dans sa correspondance, Epicure n'hésite pas à donner les conseils les plus précis, parlant de ses besoins avec exactitude (une fois c'est « un petit pot de fromage », d'autres fois un peu d'orge, etc.), ou de ceux des autres (c'est telle carrière que doit suivre l'un, tel mariage que doit faire l'autre, etc.). Le critère permettant d'assigner la limite ne se trouve pas dans une sorte de quantité exacte prévue par la nature mais plutôt dans la découverte du seuil à partir duquel il y aurait excès, et donc désordre et douleur. Tout se passe comme si l'on ne déterminait pas le besoin à partir de lui-même mais en opérant une soustraction à partir de l'excès naissant. Ce qui, on l'entrevoit déjà, suppose l'exercice d'une réflexion qui permettra à chaque fois de bien choisir. En revanche, c'est à l'évidence une erreur que d'attribuer à Epicure la naïve croyance en un « naturalisme » simple pour lequel les besoins seraient définis une fois pour toutes.

Heureuse tempérance

Ne pas tomber dans l'excès, hors des limites, dans la démesure et sa suite de dérèglements et affolements, c'est là ce qui définit la tempérance. Il s'agit de savoir se modérer. Cette idée est présente dans toute l'œuvre de Platon, inquiet de voir l'homme capable de désordre. Elle est présente aussi chez Aristote, lorsqu'il expose sa subtile et riche doctrine du « juste milieu », établissant le bien entre excès et insuffisance. Seulement, d'une certaine manière, la tempérance est pensée par Platon et Aristote à partir d'une totalité, universelle ou sociale, dont l'individu dépend. Avec Epicure, c'est du corps individuel qu'il s'agit d'abord. On est tempérant pour soi, c'est-à-dire en vue de son plaisir et, à partir de là, nous le verrons, naît la tempérance pour tout le corps social.

La tempérance nous place dans les bonnes limites du plaisir, donc, on l'a compris, dans l'absence de douleur. Il se produit alors une mutation : à la jouissance venue de l'absence de douleur se conjugue la jouissance venue de la variation du plaisir. Les Cyrénaïques avaient raison d'affirmer l'existence de plaisirs « cinétiques », c'est-à-dire en mouvement. Mais on doit distinguer cette variation dynamique du débordement sans plaisir. En somme, les Cyrénaïques confondaient les spasmes euphoriques et la sérénité de la réjouissance.

Le temps, la Fortune, l'âge, la surabondance intermittente, bref tout ce qui relève des circonstances, varient les plaisirs, dès lors pareils, sous la plume d'Epicure, aux ondulations scintillantes d'une mer sans remous. De même que l'on ne s'installe pas pour toujours dans les limites, puisqu'il faut sans cesse choisir par la juste réflexion, de même, on ne s'installe pas dans le plaisir car la présence du plaisir devient variation du plaisir.

Usage de la pensée

Le choix du plaisir

Puisqu'il faut chercher à chaque fois les limites du besoin, le plaisir trouvé ne peut pas être un pur et simple don de la nature : sans cesse il faut un examen par la pensée, en vue de choisir le meilleur. Or il apparaît que le corps n'est pas à même de se prononcer seul. Le choix n'est pas une conséquence immédiate du plaisir corporel. Ainsi il faut un calcul des moyens en vue de la fin qu'est le plaisir. Le résultat de cette opération conduit parfois à refuser un plaisir immédiat en vue d'un plaisir ultérieur et supérieur (voir sur ce point le texte de Hegel : cf. p. 76). Alors que l'animal est tout entier nature, guidé par l'instinct, l'homme use de réflexion pour trouver la meilleure nature qu'est le plus grand plaisir. Ainsi, la pensée doit rompre l'immédiateté du plaisir aveugle. Nous sommes loin des « pourceaux d'Epicure » ! Qu'on ne s'y trompe pas, cependant. Il n'y a ici aucune raison de vouer à l'intelligence un culte adorateur. Elle doit rester un moyen au service du plaisir, et non la fin ultime. Par ailleurs, n'oublions pas que c'est le mauvais usage de la pensée — lorsqu'elle se fait la proie des préjugés ou lorsqu'elle imagine des chimères horribles — qui cause les maux que sont la douleur mal supportée et l'angoisse. On comprend ici pourquoi Epicure portait peu d'intérêt aux doctrines philosophiques de son temps. Il ne cherche pas à « savoir pour savoir », comme le voulait Aristote, mais en vue de supprimer le trouble. A l'abri du trouble l'homme n'aurait que faire de la philosophie, dit Epicure (cf. p. 55). S'il faut de la philosophie, partout et toujours, c'est que sans philosophie l'homme ne saurait être sans trouble. Remarquons qu'il s'agit là d'un sens et d'un rôle nouveaux pour la philosophie. En effet, Platon, et plus encore Aristote, avaient consacré tous leurs efforts à montrer que la philosophie est toute désintéressée. A leurs yeux, on pense d'abord, certes, en vue de quelque bien, mais le vrai philosophe voit qu'il y a un bien suprême et une absolue dignité dans l'acte même de penser, exempt de toute utilité. « Pensée pensant la pensée » en un « acte pur », écrivait Aristote. A juste titre Paul Nizan peut écrire : « Un Descartes cherche peut-être moins les conséquences de la vérité que la vérité même. Epicure se préoccupe moins de la vérité que de ses suites. » C'est pourquoi Epicure n'a guère traité des problèmes agités à l'Académie et au Lycée mais n'a cessé d'écrire, en quelque sorte de façon militante, pour dissiper le trouble du corps et de l'âme.

Il convient d'ailleurs de noter que la philosophie — entendez la recherche de la vérité — devient, pour Epicure, plus digne lorsqu'elle se fait *phronèsis* : prudence, au sens de sagesse pratique. Certains traducteurs ont même lu que la philosophie n'aurait pas du tout de dignité ; cela est faux ; néanmoins Epicure inverse peut-être bien les rapports classiques entre sagesse et pratique. Le vrai se met au service du plaisir, même si chez le sage épicurien plaisir et sagesse coïncideront véritablement.

Comprenons au demeurant que donner le plaisir comme but de la pensée ce n'est pas assujettir celle-ci à celui-là. Soumise en effet, la pensée ne saurait discriminer librement le meilleur. La pensée au service du plaisir doit être indépendante du plaisir, nul paradoxe en cela. Bien au contraire, qui voudrait ne voir en la pensée qu'un moment subsidiaire du plaisir s'interdirait du même coup le plaisir puisqu'il empêcherait le juste choix, lequel seul oriente vers la vie heureuse.

Penser, c'est donc d'abord savoir choisir bien. La sagesse pratique est ainsi calcul des moyens en vue de la fin qu'est le plaisir mais aussi, par nécessité d'indépendance, puissance à rompre le flux du désir s'il s'avère néfaste au meilleur plaisir, comme si la puissance réflexive rompait le plaisir pour le démultiplier.

Or, pour choisir ou refuser, afin d'atteindre un plaisir plus grand, il n'est d'autre moyen que de connaître les choses, c'est-à-dire « la nature des choses », selon l'expression de Lucrèce, c'est-à-dire encore ces causes qui font que ce qui existe est de telle ou telle façon. Epicure consacra la majeure partie de son œuvre si prolixe à élaborer une physique, une science de la nature. Il fallait en effet trouver les « causes expliquant ce qui est » afin, comme on l'a vu, de vaincre les mythes, mais aussi de mettre en œuvre la sagesse pratique. Par le raisonnement nous sommes à même de trouver ce que sont les choses, de les saisir dans leur identité. Un chat est un chat et A = A, même si les sophistes prétendent que « ça dépend », qu'un chat est « plus ou moins » un chat selon le moment et le point de vue, bref que A diffère toujours de A, que rien ne possède une identité saisissable, qu'aucune définition n'est possible. Dans la physique épicurienne l'identité première, indivisible, immortelle et individuelle, c'est l'atome. Pour ce qui touche la morale, il nous importe ici de noter que l'atomisme fait de l'univers un ensemble matériel, infini et discontinu. Les atomes s'agglomèrent, ici et là, formant les planètes au nombre immense. Les formes prises sont le fait du hasard ; d'autres constellations sont envisageables. D'autres penseurs, Platon et Aristote, tiennent au contraire que l'univers obéit à un ordre nécessaire qui ne saurait varier. Dans cette dernière perspective, l'univers a une raison d'être, il est doté d'un sens. La raison qui lui donne un sens est parfois située dans ce qu'ils appellent

« l'âme du monde » ou encore « l'Esprit » ou plus tard « Dieu ».

Si Epicure dut façonner un système complet de la nature et ne jamais délaisser l'étude, c'est en vue de mener à terme l'exercice du raisonnement, sans rien laisser dans l'ombre. Chez lui la raison *(logos)* n'est point donnée par avance, elle n'existe que dans l'exercice que l'on fait par le raisonnement *(logismos)* bien mené. La valeur d'un raisonnement se trouve dans son accomplissement total. Le commencer sans aller jusqu'aux dernières conséquences, c'est ne rien faire, pire : c'est mal faire. Dans cette perspective, rien de plus suspect que le savoir inabouti, à tel point que la science qui ne parvient pas à son terme s'avère peut-être plus terrifiante encore que l'effroi issu des mythes (cf. p. 55) ; loin de lutter contre les affres du préjugé, les demi-savants, les esprits forts, teintés d'un peu de culture, ajoutent au trouble, non parce qu'ils sont ignorants, mais parce que leur savoir insuffisant est maléfique.

Il y a dans l'épicurisme une nécessité et une volonté de totale réalisation, tant dans la plénitude bienheureuse du sage que dans le savoir. C'est comme si sa philosophie devait être la dernière, recherche ultime et non point quête inachevée de ce qui nous dépasse à jamais.

La pensée du plaisir

La réflexion, indépendante du plaisir, reste encore un plaisir pour elle-même : en philosophie le plaisir se ressent au cours même de la recherche (voir Sentence 27). Avec l'épicurisme, le penseur ne sera point un ascète si l'ascèse est la suspension du plaisir et un mouvement contre soi-même en vue d'un bien qui n'est que futur. Et rares sont les doctrines philosophiques qui, telle celle d'Epicure, ne font pas l'éloge d'une tension douloureuse au prix de quoi on aurait droit au vrai. Certes l'épicurisme se veut intrépide, voire farouche pour terrasser l'erreur et pour cerner les causes, mais cette puissance réside dans l'élan même de la pensée, dans la vigueur de son exercice, et non dans cette contention par laquelle parfois les savants semblent prouver au monde qu'ils se soumettent eux aussi à la souffrance laborieuse. Les stoïciens, penseurs serviles, dira Hegel, penseurs serviles au service de l'ordre des maîtres, ajoutera Sartre, déploieront tout leur zèle à faire montre de rigidité ; toute la doctrine épicurienne tend au contraire à libérer des contraintes pénibles, en montrant que vigueur et détente vont de pair dans le plaisir.

Certes, Aristote avait décrit le plaisir dans la pensée, mais il s'agissait d'un moment où en quelque sorte le plaisir change de nature pour se spiritualiser. Avec Epicure, au contraire, la pensée trouve dans son exercice même la jouissance du plaisir. Il y a là une double jouissance : dans le mouvement de la recherche et dans l'objet découvert par cette recherche. De même que le corps jouit de l'absence de douleur et de la variation du plaisir, de même la pensée se réjouit en dissipant l'angoisse puis en examinant les raisons du plaisir, au point que ce qui terrifiait l'âme (les météores et la mort) devient objet de plaisir, pensée qui scandalisa beaucoup de lecteurs.

Ainsi il existe un plaisir de la pensée, à la fois plaisir dans l'exercice de la pensée et pensée sur le plaisir. La pensée du plaisir dépasse du même coup les limites du plaisir corporel. Rappelons-le : le corps jouit du plaisir en s'assignant des limites, ici — dans le corps — et maintenant — dans la situation présente. La pensée conçoit ces limites et du même coup elle entre en rapport avec ce qui excède ces limites. En physique, en cosmologie spécialement, elle admet l'illimité d'un univers que rien ne clôt (contrairement à ce que soutenait la théorie alors dominante). Mais surtout, la pensée peut concevoir un temps illimité. Dès lors, le penseur se trouve à égalité avec l'incorruptible, autrement dit les dieux.

La mort n'est pas à craindre

« La mort n'est rien pour nous. » Nous gardons ici la traduction qui s'est imposée bien que, sans être fausse, elle soit ambiguë et prête à confusion. Car la mort à vrai dire n'est pas « rien » pour nous, elle représente à tout le moins un problème et dire qu'elle n'est rien, c'est encore trop dire, puisque certains demanderont alors ce que c'est que ce rien. Il convient de poser le problème en vue de le résoudre, et même de montrer l'inanité de cette question. Tout l'argument, exposé dans la *Lettre à Ménécée* et répété dans nombre de *Maximes*, repose sur une implacable logique de l'exclusion : ou bien nous, ou bien la mort. Jamais, pour qui y réfléchit sans préjugé, le rapport ou le contact entre la mort et nous ne se conçoit, ce que résume la formule lapidaire : *« ouden pros èmas »*, qui serait mieux traduite par : il n'y a pas de rapport entre la mort et nous. Soit : la mort ne nous regarde pas, nous ne sommes jamais face à elle, elle ne nous concerne point, elle ne nous menace pas comme le prétendent les mythes. En considération du temps, cela signifie que la mort est absente, totalement absente, aussi longtemps que nous sommes, en quelque façon que ce soit — veillant ou rêvant, vigoureux ou grabataires — présents. Elle n'est présente, mais c'est encore trop dire, que lorsque nous ne sommes plus. Ainsi s'imaginer un « moment » de la mort, point de rencontre entre moi et « ma » mort, c'est en toute rigueur une absurdité, même si la conscience naïve a peine à se défaire de ce préjugé. Le seul mystère de la mort, et c'est un mystère bien vide, est qu'elle ne se rencontre pas en un événement donné. Si l'on peut dire, c'est un « non-événement ». Je suis mort ou bien vivant, fût-ce agonisant, mais le moribond n'a pas plus de rapport à la mort que le nouveau-né et le jeune homme n'a pas moins rapport à la mort que le centenaire. Notons que la langue grecque, présentant la forme grammaticale « j'ai vécu » ou « j'ai fini de vivre » pour indiquer la mort, occasionne peut-être moins l'erreur que notre « je meurs ». Car, à y regarder de près, l'on n'est jamais « en train de mourir », la phrase est en fait absurde (et ce n'est que par prévision scientifique que le médecin parle d'un « mourir » mais, en réalité, il ne fait qu'annoncer que bientôt il y « aura » la mort). De plus, dans le cadre de la physique atomistique, qui dépasse ici notre propos, Epicure montre que le vivant est un agrégat d'atomes (cf. p. 52). On appelle mort la dispersion des atomes, lesquels ne gardent point trace de l'unité corporelle à laquelle ils appartenaient, de sorte que rien de commun avec le vivant ne demeure, pas même l'âme, dont parlent les dialogues platoniciens, qui ne serait ici que l'unité de la pensée en acte. Enfin, pour ce qui touche le fait d'exister, il n'y a, pour qui y réfléchit justement, nulle commune mesure entre l'existence et la non-existence, de sorte que « moi inexistant » signifiant moi après ma mort est encore une expression vide de sens et pleine de vaines terreurs.

Bien qu'elle soit très connue et facile à exposer, la doctrine épicurienne de la mort est rarement comprise, car beaucoup ont estimé qu'on ne saurait résoudre la grave question de la mort par une proposition de logique. On voudrait que la mort touche le cœur même de l'existence — que ce soit une question « existentielle » faisant de nous des « Êtres-pour-la-mort » riches d'angoisse — si bien que cela surpasserait toute logique et nous hisserait quelque part au-delà de la raison. Mais c'est précisément cela que rejette l'épicurisme. Sa logique se veut plus qu'une élégante démonstration, elle entend bien supprimer la question de la mort. Dans une perspective épicurienne, il faudrait dire que toute pensée de la mort qui n'apaise point est par là même à rejeter, et l'on peut se demander si ceux qui proclament une mort angoissante ne montrent pas une coupable complaisance à transformer le fait de l'angoisse en une valeur suprême et magnifique (l'homme est « l'Être-pour-la-mort », professait Heidegger sous le régime nazi).

Il reste que la démarche épicurienne est toute intellectuelle, très éloignée du sentiment naïf que l'on a devant la mort. Dépasser la naïveté sentimentale grâce à la rigueur du raisonnement, sans cesse à réitérer, c'est délaisser l'obscurité terrifiante du préjugé pour la clarté sereine de la pensée juste, « car il ne reste plus rien d'affreux dans la vie quand on a compris qu'il n'y a pas d'affres après la mort » (cf. p. 47). L'enjeu consiste en ceci que la mort ne doit pas être un mystère dépassant la liberté humaine mais, bien au contraire, l'instrument même de la liberté. Être capable de comprendre la mort, c'est, encore une fois, assigner la limite dans laquelle se déploie l'étendue de la vie heureuse — sans crainte — et dépasser cette limite par la pensée. Si, en effet, nous comprenons qu'il n'y a pas lieu de craindre la mort et quelque au-delà, nous menons une vie apaisée et sereine ; nous supprimons l'angoisse et saisissons les causes qui nous leurraient.

Le monde du sage

L'âge de la sagesse

Il n'y a pas de sagesse sans bonheur, il n'y a pas de vie heureuse sans sagesse. D'une part, la sagesse réside dans le bonheur et ce serait une erreur que de la rechercher ailleurs. D'autre part, comme le bonheur peut sembler trop peu de chose à qui recherche la vérité, la sagesse épicurienne a été cependant réputée trop modeste et médiocre. Or, il n'en est rien. Le sage épicurien est comblé ; il se situe en un sommet que rien ne dépasse et l'on n'y trouve pas trace de cette résignation qui, par contre, est présente chez les stoïciens. Dans la sagesse épicurienne, en effet, se déploie un plaisir plein et non pas restrictif. Plus encore : atteignant la sagesse, le philosophe rencontre une surabondance dès lors qu'il a su donner à la souffrance ses étroites limites et au plaisir la vaste étendue de ses frontières. Il ne s'agit point de se résigner à la modération. La vraie tempérance se dépasse ; elle est jouissance d'elle-même. Il y a là comme un paradoxe où l'on risque l'erreur, surtout pour des jeunes.

Le jeune homme « erre au gré de la fortune », encore non rompu à l'art d'assigner les limites, c'est-à-dire de savoir choisir et refuser en connaissance de cause. Ainsi, il n'est pas à même de maîtriser le plaisir pour en jouir pleinement ; il confond l'excitation euphorique et la vie bienheureuse. Au contraire, le philosophe sait jouir de la « douceur de vivre » en ne laissant pas fuir ce qui lui appartient, ou, par la mémoire, ce qui lui a appartenu. En quelque sorte, il ne « s'oublie » pas dans l'errance vaine ou dans le débordement. Lorsque la réflexion est parvenue à son terme, la joie est « égale ». C'est alors que s'accomplit la sagesse bienheureuse, comme par une métamorphose du plaisir. Tout d'abord, on l'a vu, celui-ci est absence de douleur, dans le sage il se fait « ataraxie », ainsi que le disent les traductions habituelles. Non seulement le trouble est absent, mais, par la réflexion, on sait se féliciter de la réalité paisible. Passage en quelque sorte de la jouissance à la réjouissance, joie redoublée. (Le terme grec *« ataraxia »* renvoie ici encore au vocabulaire maritime ; *« tarachè »* décrit le bouillonnement des flots ; le « a » privatif indique l'absence, mais bien plus la beauté et la douceur lorsque la mer n'est pas agitée. Considérant que le terme transposé du grec pouvait être trop étranger au lecteur d'aujourd'hui, nous avons préféré le traduire par *sérénité*, qui indique bien la paisible absence de trouble ; le sens premier relève en fait davantage de la météorologie que de la marine, le terme *serein* qualifiant d'abord « un ciel sans nuages »). La sérénité du sage transmue les limites du plaisir en surabondance. Ainsi, curieusement, c'est dans la limite du plaisir que la réjouissance déborde, de sorte que le sage qui sait se contenter du « peu » n'est jamais à court de générosité. L'irréflexion, au contraire, ou l'immaturité frivole, tombe sous le coup d'une économie catastrophique dans laquelle l'accumulation des richesses est démultiplication de pauvreté.

Dans ces conditions, il semblerait que la vie bienheureuse, soit la sagesse, n'appartienne qu'au vieillard plein de bon sens. Comprenons néanmoins que l'âge ne recouvre pas ici le vieillissement physiologique. Le vieillard irréfléchi est très éloigné de la sagesse. Par ailleurs, notons que la philosophie épicurienne, avec beaucoup de conséquence, redonne la « douceur de vivre » à une tranche de population qui, lorsque l'on est prisonnier des préjugés relatifs à la souffrance et à la mort, se sous-estime d'ordinaire tout autant qu'elle est sous-estimée par les autres. Or jeunesse et vieillesse ne sont point des réalités en soi mais des valeurs relatives l'une à l'autre. L'âge dépend des circonstances, donc de la Fortune qu'il n'y a lieu ni de craindre ni de respecter. Par conséquent, le jeune n'a pas à adopter par devoir on ne sait quel comportement « à la jeune ». Parmi les circonstances qui l'affectent figure, défavorable à la sérénité, « l'exigence de la chair » (cf. S. 51). Mais il trouve sa liberté dans la pensée anticipatrice où, jeune, il philosophe tel l'homme mûr, se libérant ainsi des circonstances attenantes à l'âge ou à l'époque, tandis que s'il est dévoué aux préjugés terrifiants il s'imagine qu'il est « trop tôt pour philosopher ». Inversement, le vieillard se libère par une pensée remémorante. Victime des mythes, il se morfondra dans la vaine attente de la mort. Libre grâce à la réflexion, le vieillard réfléchi fera sienne et présente toute la richesse de son passé au point que, tout à l'encontre des vaines opinions antiques et modernes, et malgré les circonstances qui entourent le vieillissement, il approchera mieux le bonheur que l'homme jeune.

Commerce et misanthropie

Nous disions que l'épicurisme est une réponse à la situation politique de son temps. Cependant le sage paraît fort éloigné de la vie sociale. On prête à Epicure la devise « cache ta vie », mais elle est transmise par Plutarque, dans son œuvre contre Epicure ! Néanmoins, toute une tradition a façonné, fût-ce par des falsifications flagrantes, l'image d'un sage très misanthrope, haïssant la foule du fond de son jardin solitaire. C'est oublier que le « Jardin » est un lieu d'intenses échanges sociaux et amicaux, c'est oublier qu'Epicure ne laisse pas de pourchasser les préjugés dont la foule est la proie, c'est enfin oublier quelles sont les conditions de la vie bienheureuse.

Il est vrai que le sage atteint la sérénité par le contentement. Se contenter — c'est-à-dire se suffire et se réjouir — c'est savoir se satisfaire du « peu » nécessaire pour que disparaisse la douleur. Dans cette perspective, il est clair que si l'économie d'une société doit fonctionner en démultipliant les besoins, l'épicurien montrera fort peu de sens social. On peut même envisager une sorte de condamnation économiste contre l'épicurisme. Car il est vrai que le contentement entraîne une suspension de la dépendance entre les hommes, et l'épicurisme contredit radicalement ceux qui tiennent le commerce pour un trésor de bienfaits civilisateurs.

Plus encore : d'un certain point de vue, le sage rompt tout commerce avec autrui. L'autarcie, suffisance économique, va de pair avec le contentement. Il peut sembler misanthrope de dire que le sage n'a besoin de personne. Mais il n'en est rien : paradoxalement, pour Epicure, fonder les rapports humains sur l'interdépendance du besoin est une forme de misanthropie.

La justice

Par l'autarcie, le sage est à l'abri des coups d'autrui ; du fait de son contentement, il ne ressent aucun besoin d'en porter à autrui (cf. p. 58). Cependant, le refus du conflit et de la dispute vaine donne lieu chez Epicure à une réflexion spécifique et d'une originalité parfois déroutante. Chez Platon, la Justice représentait un idéal moral, indépendant des coutumes. Elle revêtait une valeur universelle que chaque homme trouvait en soi. Or Epicure propose une lecture du droit bien différente, choquante peut-être, parce qu'elle n'est pas d'inspiration morale mais uniquement sociale. Selon Epicure, la justice procède d'une décision par laquelle certains hommes, et non pas tous, s'obligent mutuellement sur la seule question des dommages. Tel est le domaine strictement délimité où la justice s'exerce. Sa mise en œuvre diffère suivant les peuples et les époques. Tout semble donc se réduire à une affaire de lésion à réparer après avoir défini qui sera dit lésé. Ainsi la fonction de la justice est d'installer un ordre stable dans une société ; elle ne met pas en jeu la conscience morale individuelle.

Par ailleurs, Epicure mentionne souvent, à côté des dommages causés, ceux qu'il faut ne pas subir. Il ne faut pas tolérer l'injure ; l'humiliation devant l'injustice n'est pas signe de vertu, comme le croient certains interprètes de la pensée socratique selon laquelle « il vaut mieux subir l'injustice que la commettre ». Epicure rappelle par là l'homme à sa liberté, craignant sans doute que nous n'en fassions jamais assez bon usage, négligeant ainsi le plaisir suprême.

Règlement social, la justice a des conséquences sur la psychologie sociale, si l'on ose dire. S'il est vrai que la justice n'est qu'accord en vue de protéger les conditions du plaisir, il n'y a pas d'injustice non plus. Ceux qui ne sont pas liés par un contrat conclu d'accord ne sont pas tenus au code de la justice et l'on n'a pas à leur appliquer ce code. C'est dire qu'il n'y a pas de justice universelle puisque ceux qui ne sont pas liés par un contrat n'ont ni droit ni devoir. Les Epicuriens remarqueront que les animaux ne peuvent, dépourvus qu'ils sont de langage, établir ce code, donc qu'il n'y a pas justice entre eux mais aussi que nous n'avons pas à être justes envers eux.

Mais surtout, dire que l'injustice n'existe pas, c'est supprimer toute conscience propre à nous donner le remords. Ceci est assurément immoral au sens habituel du terme. Il reste qu'il vaut mieux être juste. Car si nous enfreignons le code de la justice, nous aurons toujours à craindre d'être découverts, et nous vivrons dans la peur. Ce n'est donc pas la conscience morale qui fait souffrir de l'injustice mais tout simplement la peur.

Rappelons-le : il n'y a pas à condamner moralement les êtres dissolus, il suffit de les avertir d'une double erreur. Le débordement contrevient au plaisir que le débauché croit à tort y trouver, et le secret qu'il peut avoir à cacher devant qui, ne serait-ce qu'en suivant l'usage, l'en blâmerait, est source intarissable d'angoisse. Or, nous ne saurions vivre seuls et rien dans Epicure ne donne à penser que nous le devrions. Que la Fortune nous place dans telle société ou que notre décision nous situe parmi ceux que nous avons librement choisis, nous vivons avec autrui.

Trouver le contentement dans le « peu » ne signifie nullement que le sage garde son plaisir pour soi. La justice est là pour garantir le plaisir dans une vie sociale indispensable à l'humain. Il n'est pas même jusqu'à « l'exigence de la chair » — le désir sexuel — qui n'ait besoin de la vie sociale. Que cette dernière fasse défaut, le désir est tari. C'est donc assurément mal lire Epicure que de lui prêter un naturalisme naïf, encore une fois. Son propos, derechef politique, vise la bonne vie sociale, c'est-à-dire la vie bienheureuse.

Par le contentement nous trouvons en nous-mêmes assez de sécurité pour ne rencontrer aucun souci dans nos relations avec autrui. La justice assure cette sécurité en rendant possible l'annulation des conflits, désormais non fatals. On voit souvent dans la sécurité une manière de se protéger contre les autres. On cadenasse sa maison, présupposant donc qu'il faut se méfier d'autrui, et donc que les autres sont méchants, bref la sécurité présuppose la méchanceté des autres. C'est donc un élément bien peu positif que la sécurité, on voit mal comment la situer aussi haut que la liberté. Assurément le sage épicurien vise plus que cette suspecte sécurité. La Maxime 14 (p. 57) dit que la vraie sécurité est celle de « tout le monde », celle où je n'ai pas à craindre et à me protéger d'autrui ; ce n'est plus la sécurité peureuse mais l'heureuse confiance en la stabilité de bons rapports.

Réformer ou reformer la société ?

Comment établir de bonnes relations entre les hommes si les foules sont aliénées, affolées dans les rets de la superstition opprimante ? Faut-il réformer la société en apportant les lumières du savoir ou faut-il reformer une petite société avec ceux qui se sont libérés des mythes ? C'est au fond une question politique cruciale. La réponse épicurienne se trouve dans la fondation du « Jardin ». Considérons à cet égard que l'Antiquité a connu la possibilité de fonder, par les colonies, des sociétés toutes nouvelles, fabuleux projet à la séduction duquel Platon et Aristote succombèrent. Par ailleurs, dépourvu des Idées à valeur universelle que l'on trouve dans le platonisme, l'épicurisme ne se préoccupe pas directement d'une Justice universelle à l'usage de l'humanité entière. Enfin, si retiré du monde qu'il soit, le « Jardin » épicurien où se rassemblent les amis pleins de sagesse sereine, tend à se propager, par dissémination de groupes épicuriens « encerclant » le monde dans la « danse » de l'amitié (cf. S. 52). C'est dire qu'il y a indépendance — autarcie et contentement — mais non réclusion, unité mais non totalité fermée.

Si l'on examine comment purent fonctionner ces sociétés épicuriennes, on ne pourra les assimiler aux communautés chères aux utopistes des XVIIIe et surtout XIXe siècles, sociétés qui furent expérimentées sous diverses modalités au XXe siècle. Egalité et démocratie n'y étaient point la règle. Les biens ne s'y partageaient pas, l'esclavage n'était pas nécessairement exclu. Epicure lui-même semble avoir régné en maître avec force autoritarisme, prévoyant — ce qui peut choquer — jusqu'au culte qu'il faudra lui rendre dans les générations futures, tant était poussée l'identification du sage avec les dieux.

L'amitié

Avec l'amitié, bien suprême du sage en société, la politique se réalise en s'annulant : les rapports humains se régissent d'eux-mêmes sans aucune instance dominante ou unifiante (pas même de démocratie, donc). L'amitié se substitue au politique. Les bienfaits dans le plaisir remplacent l'art de gouverner. Pour comprendre cette étonnante notion d'amitié, si antique et éminemment épicurienne, on pourrait d'abord la définir comme *le rapport libre entre les humains.*

Par conséquent, ce rapport se situe au-delà de l'intérêt, du besoin ou de la passion. Aristote s'était penché sur ce thème [1]. De récents travaux ont par ailleurs mis en évidence l'émergence de cette question et ses modifications depuis Homère jusqu'à Epicure, chez lequel l'amitié occupe la plus haute place. Au point qu'on est en droit de se demander si la liberté toute désintéressée que recouvre la notion d'amitié n'est point trop sublime pour être humaine, si cette ultime perfection ne fait pas plus l'objet d'une incantation que d'une pratique réelle. Aristote réservait l'amitié accomplie à de rares « grandes âmes » et accordait des formes amoindries aux hommes ordinaires.

L'épicurisme représente la tentative de lier la plus haute amitié et ses sources quotidiennes. Au plus bas,

---

1. Voir *Ethique à Nicomaque,* VIII & IX, coll. Profil Formation, nº 377, Hatier, 1983.

il existe une amitié feinte (que l'on feigne devant autrui ou que l'on s'illusionne soi-même). Si, du point de vue de l'intérêt social, elle n'est sans doute pas à rejeter totalement, elle n'est pas encore l'amitié. Mais il existe également une amitié si avide de liens qu'en somme elle dégénère en un trop dense système d'échanges, transformant le libre rapport en commerce où circulent sans cesse dettes et contre-dettes, faisant ainsi déchoir la liberté en une forme de domination ou d'accaparement. Par ailleurs, si l'on craint trop cette déchéance, on risque de sublimer l'amitié au point de rejeter tout contact et, à force d'éviter l'échange, de ne trouver que le vide et l'indifférence.

Or, l'amitié est bien l'accomplissement suprême de la sérénité épicurienne. Il ne suffit pas de « compter » untel parmi ses amis, il faut encore pouvoir « compter sur » lui. L'amitié n'existe qu'en se mettant en œuvre, elle est acte plutôt que déclaration. Epicure semble si soucieux qu'on ne confonde pas l'amitié du sage avec une distance si noble qu'elle devient vide, pur euphémisme sans contenu, qu'il va jusqu'à dire qu'il faut « provoquer » les faveurs en faveur de l'amitié. On peut alors comprendre que dans l'épicurisme il ne soit pas besoin, comme chez Aristote, de distinguer les amitiés entre égaux et inégaux. Gratuite, ou gracieuse, l'amitié pose ses exigences et déploie son plaisir quel que soit le statut des amis. Il va de soi que les biens, l'âge ou le sexe relèvent des circonstances, ou du besoin (par exemple, dans le rapport entre homme et femme, entre parents et enfants). Ainsi, l'égalité n'est pas toujours nécessaire et l'on peut imaginer que le riche ne donne pas à l'ami pauvre mais exige de recevoir, car il peut arriver que l'amitié requière le cadeau. Notre vocabulaire moderne est riche en variations sur les thèmes de l'échange et du partage, comme si cela désignait les meilleurs rapports humains possibles. Or, une telle perspective suppose une équivalence, marchande en dernière instance, quelque chose de commun à quoi se rapporter. Mais dans l'amitié épicurienne il n'y a précisément rien de commun à quoi se référer. Autrui demeure en une « altérité » irréductible dont aucun « semblable » ne peut donner la commune mesure. Et d'ailleurs les dieux d'Epicure, éloignés en d'autres cieux et tout à fait indifférents à nos destinées, n'offrent point l'image d'un semblable parfait en qui rejoindre et confondre les différences, comme cela se produira dans le christianisme. De fait, l'amitié épicurienne est pré-chrétienne, c'est-à-dire étrangère à l'idée d'universalité (= « catholicisme » en grec) des rapports humains.

L'amitié épicurienne est compatible avec une profonde altérité entre les amis, alors que l'amour est, suivant *le Banquet* de Platon, désir d'union (« se réunir et se fondre avec l'objet aimé et ne plus faire qu'un au lieu de deux », lit-on dans ce texte). L'amour engage la différence sexuelle, il est acte, il produit hors de lui. L'amitié, elle aussi, implique l'altérité, mais les gestes d'amitié ne produisent rien, ils sont gratuits et se répètent « gracieusement » dans les témoignages d'amitié. Mais comment, située de la sorte, à un si haut niveau de liberté, au-delà de l'intérêt et du besoin, l'amitié peut-elle débuter? Comment un moi peut-il avoir rapport avec un autre, s'il n'y a pas quelque chose de semblable, de commun, à partir de quoi se ressembler et se rassembler (comme le fait la figure du Christ dans le christianisme)? Cette question du rapport entre le même (« moi ») et l'autre (« tu ») parcourt à vrai dire toute l'histoire de la philosophie depuis *le Sophiste* de Platon jusqu'à la philosophie la plus actuelle. Et c'est bien au cœur de cette question que se situe l'épicurisme et à quoi l'amitié donne une réponse possible. Or, la question du commencement de l'amitié trouve simplement sa réponse dans les « bienfaits ». Cela signifie que s'il est vrai que nous ne sommes pas d'emblée amis, immédiatement aptes à reconnaître et apprécier « l'altérité » d'autrui, les bienfaits, au gré de la Fortune, « tissent » peu à peu des liens. Dans ce mouvement, la nature du rapport humain va changer : d'abord services donnés et rendus, les liens deviennent jouissance gracieuse, passant ainsi du commerce à la faveur, de l'échange à la grâce. Certes les moralistes, ou aujourd'hui la psychanalyse, auront raison de montrer que le mouvement vers autrui est toujours, si subrepticement ou inconsciemment que cela soit, narcissisme, culpabilité, bref toujours intérêt en quelque façon, si bien que le « penchant », si généreux qu'il soit, ne prouve pas la qualité de l'amitié. Or l'épicurisme peut admettre cela. En effet, dans ces conditions, l'amitié ne peut jamais devenir un bien acquis pour toujours. L'amitié n'est pas donnée, elle est un événement qui se réactive toujours, par ses actes et par les promesses qui s'en dégagent, mais aussi, Epicure y insiste, par la remémoration. C'est dire que l'amitié s'effectue dans le temps, elle « prend du temps ». Ce n'est pas là du tout « différer la joie » mais jouir au contraire du temps qu'elle fait continuer.

Nous disions que la sérénité, passant de la jouissance à la réjouissance, allait du même coup du contentement à la surabondance de plaisir. Cela vaut aussi pour l'amitié. Affaire de « bienfaits » et de « faveurs », elle est surabondance sans fin. Il s'ensuit que le sage épicurien ne garde pas sa liberté telle une possession privée, il la réalise en l'offrant et la déployant dans le rapport amical. Dès lors, les relations humaines ne sont plus de besoin, ni même peut-être de communication (si cela signifie, comme c'est le plus souvent le cas, simple et inintéressant échange d'informations); elles sont plaisirs surabondants et répétés. Il va de soi que l'amitié ne se restreint pas à une relation duelle : elle forme la vie bienheureuse des membres du « Jardin », mais certes leur nombre ne peut excéder la capacité de liens amicaux de chacun, et c'est pourquoi la société épicurienne resta toujours petite.

Conclusion

La philosophie classique, aux XVIIe et XVIIIe siècles, parlera d'un « invincible désir de bonheur » (l'expression vient du très austère père Malebranche). N'est-ce pas là encore de l'épicurisme ? Voyons la différence, elle nous permettra de cerner la particularité et l'importance de la pensée épicurienne.

Cherchant le bonheur, nous ne restons pas en repos, nous agissons, nous sommes « inquiets », diront les philosophes classiques. L'inquiétude est une vertu à l'origine de grandes entreprises. Elle nous fait franchir les océans à la découverte de contrées et de richesses nouvelles, elle nous fait guerroyer pour accroître notre pouvoir, mais aussi elle nous conduit à sonder les mystères de la nature, à interroger Dieu ; enfin, elle nous entraîne à rechercher l'amour toujours renouvelé, dans la galanterie des salons et les méandres incessants de la « carte du tendre ». Ainsi l'inquiétude est conquérante, stratège et séductrice.

Le bonheur épicurien s'éloigne beaucoup de cette générosité militaire et des aventures donjuanesques. Car le plaisir chez lui commence par la suppression de l'inquiétude. Comprenons bien l'enjeu : nous sommes aux antipodes de l' « esprit d'entreprise » des temps modernes ; Epicure contredit d'une certaine manière toutes les valeurs de notre histoire. En ce sens on pourrait dire que l'épicurisme a été réfuté par l'histoire, mais on pourrait également dire qu'il est une proposition contre l'histoire. Celle-ci nous promet toujours le bonheur pour demain ; Epicure nous enjoint de ne pas « différer la joie ».

L'inquiétude nous répand dans le monde, la sérénité borne notre monde aux limites du corps et à l'enclos du « Jardin ». Cette sérénité peut paraître trop cher payée. Il n'y a pourtant ni mesquinerie ni résignation dans l'idéal épicurien. Epicure affirme avec force la possibilité d'un bonheur authentique et d'une liberté effective dans la société des amis.

TEXTES [1]

1. Diogène Laërce (qui vécut probablement au troisième siècle après J.-C.) recense trois cents titres d'Epicure, dont 30 pour le *De la Nature*. Il conserva les trois lettres, à Hérodote, sur la Physique, à Pythoclès, sur les météores, à Ménécée, ici publiée, ainsi que quarante *Maximes principales*. L'établissement du texte grec est dû au philologue H. Usener dans ses *Epicurea* de 1887. En 1888, on découvrit à la Bibliothèque du Vatican quatre-vingt-une Sentences, dès lors dites « vaticanes » ; certaines étaient déjà dans les *Maximes*. Enfin on a découvert dans les cendres d'Herculanum le fameux *De la Nature*, mais la technique n'est pas encore trouvée pour dérouler les rouleaux calcinés sans les détruire.

LETTRE A MÉNÉCÉE

Quand on est jeune, il ne faut pas hésiter à philosopher et quand on est vieux, on ne doit pas se lasser de la philosophie, car personne n'est trop jeune ni trop vieux pour prendre soin de son âme. Dire qu'il est trop tôt ou trop tard pour faire de la philosophie, cela revient à dire que l'heure d'être heureux n'est pas venue encore ou qu'elle a déjà passé. Ainsi et le jeune homme et l'homme âgé doivent philosopher. Celui-ci afin de rajeunir au contact du bien, en rappelant à lui les jours passés, celui-là, exempt de crainte devant l'avenir malgré sa jeunesse, afin d'être serein comme un vieillard.

Dès lors il faut rechercher ce qui nous rend heureux, puisque avec le bonheur nous avons tout ce qu'il nous faut et que si nous ne sommes pas heureux nous faisons tout pour l'avoir.

Suis et pratique l'enseignement que je ne laisse de te prodiguer et comprends qu'il y va des principes de la vie heureuse.

Et d'abord songe qu'un dieu est un être immortel et bienheureux, conformément à l'idée que nous en avons. Ne lui attribue rien qui contredise cette immortalité et cette béatitude, par contre accorde-lui tout ce qui convient à l'immortalité et à la béatitude, car l'évidente connaissance que nous avons des dieux montre bien qu'ils existent.

Seulement ils ne sont pas comme le croit la multitude. Et nier les dieux de la multitude ce n'est pas être impie. L'impiété réside plutôt dans ce que la multitude prête aux dieux par ses opinions. Car ces dernières, loin d'être des intuitions justes, sont des imaginations fallacieuses ; d'où vient qu'on rend les dieux responsables du mal qui advient aux méchants et du bien répandu sur les bons. C'est que la multitude est prisonnière des idées qu'elle se fait de la vertu, elle veut des dieux qui s'y conforment et rejette tout ce qui est différent.

Maintenant habitue-toi à la pensée que la mort n'est rien pour nous, puisqu'il n'y a de bien et de mal que dans la sensation et la mort est absence de sensation. Par conséquent, si l'on considère avec justesse que la mort n'est rien pour nous, l'on pourra jouir de sa vie mortelle. On cessera de l'augmenter d'un temps infini et l'on supprimera le regret de n'être pas éternel. Car il ne reste plus rien d'affreux dans la vie quand on a parfaitement compris qu'il n'y a pas d'affres après cette vie. Il faut donc être sot pour dire avoir peur de la mort, non pas parce qu'elle serait un événement pénible, mais parce qu'on tremble en l'attendant. De fait, cette douleur, qui n'existe pas quand on meurt, est crainte lors de cette inutile attente !

Ainsi le mal qui effraie le plus, la mort, n'est rien pour nous, puisque lorsque nous existons la mort n'est pas là et lorsque la mort est là nous n'existons pas. Donc la mort n'est rien pour ceux qui sont en vie, puisqu'elle n'a pas d'existence pour eux, et elle n'est rien pour les morts, puisqu'ils n'existent plus.

Mais la plupart des gens tantôt fuient la mort comme le pire des maux et tantôt l'appellent comme la fin des maux.

Le philosophe ne craint pas l'inexistence, car l'existence n'a rien à voir avec l'inexistence, et puis l'inexistence n'est pas un méfait.

De même que la nourriture très abondante n'est pas préférable à la plus savoureuse, de même, pour la vie, la longueur ne se préfère pas au charme. Et ceux qui enjoignent au jeune homme de vivre bien et au vieillard de bien mourir disent une niaiserie, car le vieillard aussi goûte la douceur de vivre, et puis vivre et bien mourir, cela ne fait qu'un. Plus niais encore est celui qui tient qu'il vaut mieux ne pas naître et « une fois né, franchir au plus tôt les portes de l'Hadès [1] ». S'il croit cela, que ne quitte-t-il la vie ? Il en a les moyens, s'il le voulait vraiment ! Si ce n'est là que raillerie, il se montre léger sur un sujet qui n'est pas frivole.

Ainsi, songe que l'avenir n'est ni tout à fait à nous, ni tout à fait hors de nos prises, afin de ne pas l'attendre, comme s'il devait se réaliser à coup sûr et cependant de ne pas désespérer, comme s'il était assuré qu'il dût ne pas arriver.

Maintenant il faut parvenir à penser que, parmi les désirs, certains sont fondés en nature, d'autres sont vains. Parmi les

---

1. Citation d'un poète grec, Théognis. L'Hadès désigne l'enfer.

désirs naturels, certains sont nécessaires, d'autres ne sont que naturels. Parmi les désirs naturels, les uns sont nécessaires pour le bonheur, les autres pour le calme du corps, d'autres enfin simplement pour le fait de vivre. En effet, une juste vision de ces catégories permettra chaque fois de choisir et de refuser, relativement à la santé du corps et à la sérénité, puisque telle est la perfection même de la vie bienheureuse. Car c'est en vue de cela que nous voulons éviter la douleur et l'angoisse.

Lorsque cela s'accomplit en nous, les orages de l'âme se dispersent, le vivant ne chemine plus vers ce qui lui fait défaut et ne vise plus quelque supplément au bien de l'âme et du corps.

En effet nous ne sommes en quête du plaisir que lorsque nous souffrons de son absence. Or maintenant nous ne sommes plus dans le manque de plaisir.

Et c'est pourquoi nous disons que le plaisir est le commencement et la fin de la vie bienheureuse. Car il est le premier des biens naturels. Il est au principe de nos choix et refus, il est le terme auquel nous atteignons chaque fois que nous décidons quelque chose, avec, comme critère du bien, notre sensibilité. Précisément parce qu'il est le bien premier, épousant notre nature, c'est toujours lui que nous recherchons. Mais il est des cas où nous méprisons bien des plaisirs : lorsqu'ils doivent avoir pour suite des désagréments qui les surpassent ; et nous estimons bien des douleurs meilleures que les plaisirs : lorsque, après les avoir supportées longtemps, le plaisir qui les suit est plus grand pour nous. Tout plaisir est en tant que tel un bien et cependant il ne faut pas rechercher tout plaisir ; de même la douleur est toujours un mal, pourtant elle n'est pas toujours à rejeter. Il faut en juger à chaque fois, en examinant et comparant avantages et désavantages, car parfois nous traitons le bien comme un mal, parfois au contraire nous traitons le mal comme un bien.

C'est un grand bien, croyons-nous, que le contentement, non pas qu'il faille toujours vivre de peu en général, mais parce que si nous n'avons pas l'abondance, nous saurons être contents de peu, bien convaincus que ceux-là jouissent le mieux de l'opulence, qui en ont le moins besoin. Tout ce qui est fondé en nature s'acquiert aisément, malaisément ce qui ne l'est pas. Les saveurs ordinaires réjouissent à l'égal de la magnificence dès lors que la douleur venue du manque est supprimée. Le pain et l'eau rendent fort vif le plaisir, quand on en fut privé. Ainsi l'habitude d'une nourriture simple et non somptueuse porte à la plénitude de la santé, elle fait l'homme intrépide dans ses occupations, elle renforce grâce à l'intermittence de frugalité et de magnificence, elle apaise devant les coups de la fortune.

Partant, quand nous disons que le plaisir est le but de la vie, il ne s'agit pas des plaisirs déréglés ni des jouissances luxurieuses ainsi que le prétendent ceux qui ne nous connaissent pas, nous comprennent mal ou s'opposent à nous. Par plaisir, c'est bien l'absence de douleur dans le corps et de trouble dans l'âme qu'il faut entendre. Car la vie de plaisir ne se trouve point dans d'incessants banquets et fêtes, ni dans la fréquentation de jeunes garçons et de femmes, ni dans la saveur des poissons et des autres plats qui ornent les tables magnifiques, elle est dans la tempérance, lorsqu'on poursuit avec vigilance un raisonnement, cherchant les causes pour le choix et le refus, délaissant l'opinion, qui avant tout fait le désordre de l'âme.

Au principe de tout cela se trouve le plus grand des biens : la prudence. La philosophie acquiert par elle une dignité supérieure, les autres vertus procèdent d'elle naturellement car elle enseigne qu'une vie sans prudence ni bonté ni justice ne saurait être heureuse et que ce bonheur ne saurait être sans plaisir. De fait les vertus se trouvent naturellement liées dans la vie heureuse, de même que la vie heureuse ne se sépare point de ces vertus.

Maintenant songe si l'on peut surpasser un homme qui a une pensée juste relativement aux dieux, qui toujours reste sans crainte devant la mort, qui a mené à terme son raisonnement sur le but de la nature. Il voit distinctement à quel point l'on peut aisément atteindre et posséder le comble du bien, à quel point les limites du mal sont réduites, quant à la durée ou à l'intensité. (Il perce à jour cette fatalité dont certains font la maîtresse du monde. Si certaines choses dépendent de la fortune, d'autres proviennent de nous. A la nécessité on ne saurait imputer une responsabilité ; le hasard, lui, est chose instable ; seul notre pouvoir propre, sans autre maître que nous-mêmes, est naturellement susceptible de blâme ou d'éloge.)

D'ailleurs mieux vaudrait encore adopter les fables relatives aux dieux que de s'inféoder au destin des « physiciens[2] », car du moins les fables donnent à espérer que les dieux fléchiront devant nos prières, alors que ce destin impose un cours inexorable.

Il ne faut pas avoir le préjugé que la fortune soit un dieu, comme la multitude le croit. Car un dieu n'agit point de façon désordonnée. Et il ne faut pas tomber dans le préjugé suivant lequel la fortune serait une sorte de cause incertaine ; car certains croient qu'elle préside à la distribution du bien et du mal parmi les hommes, faisant ainsi, et défaisant cependant, leur bonheur ou leur malheur.

Pense qu'il vaut mieux que la raison prévale devant la fortune plutôt que la fortune devant le raisonnement. Car il y a plus de beauté lorsque nos actions remportent un succès grâce à la fortune après qu'elles ont été déterminées par un juste jugement.

Médite ces enseignements et tout ce qui s'y rattache. Pratique-les à part toi et avec ton semblable. Pratique-les le jour et la nuit et jamais ni dans la veille ni dans le rêve tu ne seras la proie du trouble. Tu vivras comme un dieu parmi les hommes. Car celui qui vit parmi les biens immortels ne se compare plus en rien à un autre animal mortel.

Le « quadruple remède » :

« Les dieux ne sont pas à craindre
La mort n'est pas à craindre
On peut atteindre le bonheur
On peut supprimer la douleur. »

---

2. Ces « physiciens » sont ceux qui veulent que rien n'advienne par hasard.

MAXIMES ET SENTENCES[1]

La Fortune et les dieux

La nécessité est un mal, mais vivre avec la nécessité n'est d'aucune nécessité. (S. 9)

Qui affirme le règne total de la nécessité ne saurait réfuter celui qui affirme qu'il n'en est rien, puisqu'à ses yeux même cette affirmation est nécessaire. (S. 40)

Fortune, je t'ai dépassée, et barré tes portes. Nous ne battrons en retraite ni devant toi ni devant d'autres circonstances. Lorsque la fatalité nous expulsera, nous cracherons sur l'existence et sur ceux qui y sont englués, puis nous chanterons magnifiquement la beauté de notre vie passée. (S. 47)

Il est futile d'implorer des dieux ce qui dépend de nos propres forces. (S. 65)

(« La nature nous enseigne qu'on peut estimer ce qui naît de la Fortune. Il nous faut apprendre à savoir le malheur quand nous sommes dans le bonheur et à ne pas surestimer le bonheur quand nous sommes dans le malheur. Il faut admettre sereinement les biens de la Fortune et rester ferme devant les maux apparents qui viennent d'elle. En effet, combien éphémère est tout ce que la multitude regarde comme un bien ou un mal. Car de fait la sagesse n'a rien en commun avec la Fortune » — Porphyre[2].)

L'étendue du plaisir

L'abolition de ce qui fait souffrir marque la limite à partir d'où les plaisirs s'étendent. En effet, là où se trouve le plaisir et aussi longtemps qu'il persiste, douleur et tristesse sont absentes. (M. III)

---

1. Nous avons rassemblé les *Maximes et Sentences* par thèmes.
2. En raison de leur célébrité ou parce qu'elles éclairent l'épicurisme, nous avons gardé quelques sentences d'épicuriens, tel Porphyre.

La douleur dans notre chair ne s'étend pas dans une durée continue. La douleur la plus aiguë ne dure guère et celle qui ne l'emporte qu'à peine sur les plaisirs dans notre chair ne continue pas au-delà de quelques jours. Quant aux maladies qui se prolongent, elles comportent plus de plaisir que de douleur[3]. (M. IV)

On ne peut vivre dans le plaisir si l'on n'est pas, indépendamment du plaisir, sensé, bon et juste. Celui qui ne vivrait pas ainsi vivrait sans le plaisir. (M. V)

Aucun plaisir n'est en soi un mal. Mais ce qui produit certains plaisirs apporte plus de tracas que de plaisir. (M. VIII)

Si tout plaisir gardait l'intensité et la durée dans tout l'agrégat atomique ou bien dans les parties principales de la nature, alors les plaisirs ne se différencieraient plus les uns des autres[4]. (M. IX)

Si ce qui fait le plaisir des débauchés dissipait vraiment l'angoisse de leur esprit, surtout pour ce qui touche les phénomènes célestes, la mort et la souffrance, si de plus cela nous apprenait quelles sont les limites du désir, nous ne trouverions rien à y redire, puisqu'ils seraient tout comblés de plaisir, exempts de douleur et d'affliction, en quoi tout le mal consiste. (M. X)

Le plaisir dans la chair ne peut grandir après que la douleur venue du besoin est partie : il ne fait que se diversifier. Mais la limite du plaisir de la pensée provient de l'investigation de toutes ces choses précisément et aussi de cela même qui avait tant angoissé[5]. (M. XVIII)

---

3. Dans la longue maladie, la douleur n'est jamais constamment à son maximum. Bien plus, sur toute la durée (comme en fait dans toute durée) le plaisir est finalement plus fréquent que la souffrance, quand bien même on ne veut pas se l'avouer.

4. Dans un corps (composé d'une agrégation d'atomes) ou même dans toute la nature, si le plaisir restait toujours le même, cela reviendrait à un seul plaisir identique et immuable (on peut même alors se demander si on pourrait encore parler de plaisir).

5. Il n'y a pas d'accroissement de plaisir au-delà de l'absence de douleur (de sorte que le goût du « luxe » comme supplément dans lequel on trouverait des plaisirs plus grands relève d'une vaine opinion). Mais la pensée est capable de concevoir au-delà des limites du corps ; il en résulte que les limites du plaisir de la pensée sont plus vastes et que, curieusement, la pensée trouve même du plaisir en considérant les objets terrifiants.

Parmi les désirs, certains sont naturels et non nécessaires, d'autres ne sont ni naturels ni nécessaires mais résultent d'une vaine opinion. (M. XXIX)

Les désirs naturels qui, non assouvis, ne produisent pas de douleur et qui impliquent une poursuite effrénée résultent d'une vaine opinion. S'ils ne disparaissent pas, cela n'est pas dû à leur nature propre mais à la vanité humaine[6]. (M. XXX)

Le plaisir qui dure éternellement est le même que le plaisir limité, pour autant que ses bornes sont mesurées par le raisonnement[7]. (M. XIX)

La chair reçoit les plaisirs comme s'ils étaient sans limites et il faut un temps sans limite pour atteindre ce plaisir. Mais la pensée, déterminant le but et les limites du plaisir, dissipe l'angoisse relative à l'éternité, prépare une vie parfaite, si bien que nous ne recherchons plus le plaisir éternel. Cependant la pensée n'a pas fui le plaisir. Ainsi, lorsque les circonstances font que nous quittons la vie, nous partons sans avoir rien manqué de la vie bienheureuse[8]. (M. XX)

Qui considère la vie dans ses limites sait que la douleur venue du manque se supprime aisément. On peut ainsi parachever sa vie, si bien que l'on n'a pas besoin de ce qui fait objet de conflit. (M. XXI)

Si tu entres en guerre contre toutes les sensations, tu n'auras même plus de quoi servir de référence pour dire qu'elles sont trompeuses. (M. XXII)

Si tu rejettes brusquement une sensation, sans distinguer ce qui aurait besoin d'être confirmé et ce qui existe réellement dans la sensation — les affections et les représentations intuitives de la pensée —, alors tu confondras aussi, à cause de cette fausse opinion, les autres sensations. Dès lors tu auras banni

---

6. Ainsi rechercher à tout prix de nouvelles nourritures ou de nouvelles aventures amoureuses, c'est bien s'occuper de désirs naturels mais c'est le faire à partir d'opinions vides (l'envie de luxe, le souci de plaire).

7. Pour qui pense correctement, le plaisir long ou éternel (paradisiaque) ne présente aucune différence de nature avec le bref plaisir. C'est-à-dire aussi que le plaisir bref est aussi beau qu'un plaisir infini.

8. Quand nous sommes dans l'erreur, nous croyons que les plaisirs du corps peuvent s'augmenter infiniment. Sotte idée qui implique aussi qu'il faudra un temps infini pour avoir l'infinité du plaisir. Telle est l'erreur du libertin.

jusqu'au critère à partir d'où juger. Mais si tu t'assures dans la pensée de tout ce qui existe et de ce qu'il fallait confirmer, tu ne laisseras plus l'illusion se développer. Ainsi tu sauras toujours examiner et discriminer le juste et l'injuste. (M. XXIII)

On ne doit pas violenter la nature mais la persuader. Cela se fait en assouvissant les désirs nécessaires, également les désirs naturels s'ils ne sont point nuisibles. Il faut soumettre à rude épreuve ceux qui sont nuisibles. (S. 21)

A chaque désir demande : qu'arrivera-t-il s'il s'accomplit ? Qu'arrivera-t-il s'il reste inaccompli ? (S. 71)

La mort

On peut s'abriter de bien des choses, mais face à la mort nous habitons une cité sans défense. (S. 31)

La mort n'est rien pour nous, car ce qui est dissous n'a pas de sensation, or ce qui est privé de sensation n'est rien pour nous. (M. II)

Qui trouve de bonnes raisons pour sortir de la vie est très dépourvu de grandeur. (S. 38)

Soignons le malheur en ayant de la reconnaissance pour les disparus et en voyant qu'on ne peut faire que ce qui a été n'ait pas été. (S. 55)

Le temps

Nous ne naquîmes qu'une fois, nous ne pourrons naître de nouveau, nous ne sommes pas pour l'éternité. Or, toi, qui demain ne seras plus, tu diffères la joie. La vie périt de ce retard et nous mourons dans la prison de nos affairements. (S. 14)

Certains passent leur vie à s'occuper de ce qu'il y a après la vie ; ils ne comprennent pas que pour nous tous le breuvage de la naissance est potion de mort. (S. 30)

N'abîmons pas le présent en désirant ce qui est absent. Considérons que ce présent aussi, nous l'avions désiré. (S. 35)

Ingrate parole devant les biens en allés : « vois la fin d'une longue vie ! ». (S. 75)

Dans toutes les autres occupations le fruit ne se recueille qu'ultérieurement et avec peine. En philosophie le plaisir est contemporain du savoir. De fait la jouissance n'y vient pas après la recherche mais plaisir et recherche se produisent de concert. (S. 27)

Que sur notre chemin la joie à venir l'emporte sur celle d'avant. Mais arrivés à terme que cette joie soit égale. (S. 48)

Des erreurs

Personne ne choisit le mal en le voyant mais, séduit par le bien qu'il y voit, il va vers le mal qui s'y trouve et se prend au piège. (S. 16)

Si tu ne rapportes pas à chaque fois tes actes au but de la nature et qu'au contraire tu règles ton choix sur autre chose, alors tes actes iront à l'encontre de tes arguments. (S. 25)

Dénuée de vigueur la nature rencontre le mal et non le bien. Car c'est par les plaisirs qu'elle se fait, par la souffrance elle se défait. (S. 37)

Chassons une bonne fois les mauvaises habitudes, pareilles à ces importuns qui depuis longtemps nous nuisent. (S. 46)

Le sage, lui, souffre sans avoir à faire souffrir l'ami. (S. 56)

La grossièreté de l'âme rend le vivant sans cesse avide de variétés dans son existence. (S. 69)

Premier moment du salut : garder la vigueur de la jeunesse et l'abriter des souillures du désir furieux. (S. 80)

C'est notre personne même qu'il faut libérer de l'affairement privé ou public. (S. 58)

Si donc nous croyons possible qu'un phénomène se produise de telle manière ou de telle autre, le fait de savoir qu'il pourrait se produire de plusieurs autres manières ne nous empêchera pas de jouir de la même sérénité d'âme que dans le premier cas.

Après toutes ces considérations il faut songer que le trouble le plus grave se trouve dans l'âme humaine dès lors qu'on prend les corps célestes pour des bienheureux et des immortels et qu'on leur prête du même coup des actes et des motifs contraires à leur nature. Car on attend ou suspecte, en donnant foi aux légendes, une éternité terrifiante et l'on va jusqu'à craindre la mort insensible, comme si elle avait quelque rapport avec nous. Et enfin, comme toutes ces affections procèdent non pas d'une pensée philosophique mais d'un sentiment irrationnel, faute de cerner l'erreur, elles sont la proie d'un désordre aussi grand, voire plus grand, que si l'on avait une juste opinion. (*Lettre à Hérodote*, § 80 et 81)

Savoir

Si nous n'étions pas troublés par la crainte des phénomènes célestes, par une mort dont on s'imagine qu'elle entretient quelque rapport avec nous, ou par l'ignorance des limites où se tiennent plaisir et douleur, nous n'aurions pas besoin de connaître la nature. (M. XI)

On ne saurait dissiper le trouble devant les choses les plus importantes si l'on ne connaît pas la nature en son entier et que l'on en reste à des conjectures de l'ordre du mythe. Ainsi, sans la connaissance de la nature on ne pourra jouir de plaisirs sans mélange. (M. XII)

Songe que, de nature mortelle et de durée limitée, tu t'es élevé en réfléchissant sur la nature jusqu'à l'immortalité et l'éternité, tu as contemplé à tes pieds : « ce qui est, ce qui sera, ce qui fut ». (S. 10)

Il faut avoir bien compris que l'ampleur verbale tend à la même chose que la concision. (S. 26)

Connaissant la nature je préférerais encore être obscur quand j'explique ce qui leur est utile plutôt que de me compromettre avec de vaines opinions qui me couvriraient d'éloges. (S. 29)

Celui qui est adoré par l'homme sage agit bien grâce à ceux qui adorent l'homme sage. (S. 32)

La justice

L'homme juste est tout exempt de désordre, l'injuste tout agité de désordres. (M. XVII)

La justice naturelle est ce qui montre ce qu'il y a d'utile à ne pas se faire de mal et à ne pas le subir. (M. XXXI)

Le juste et l'injuste n'existent pas pour les êtres qui n'ont point fait d'accord les engageant à ne pas léser et à ne pas être lésés. De même ils n'existent pas pour les groupes d'hommes qui ne pouvaient ou ne voulaient pas s'engager de la sorte. (M. XXXII)[9]

La justice n'existe pas en elle-même, elle se produit entre les uns et les autres, quelle que soit l'étendue du territoire, à propos des dommages à ne pas commettre et à ne pas subir[9]. (M. XXXIII)

L'injustice n'est pas en elle-même un mal. Le mal consiste en la peur terrifiante de ne pas échapper à ceux dont la fonction est de châtier les coupables. (M. XXXIV)

Qui commet secrètement un acte tombant sous le coup des accords relatifs aux dommages à ne pas commettre ou à ne pas

---

9. Voir Introduction, p. 36.

subir n'aura jamais la certitude de n'être pas découvert, quand même il y a échappé tant de fois : jusqu'à la mort il ne sera pas sûr de ne pas être pris. (M. XXXV)

En général, la justice est la même pour tous, puisqu'elle est utile à la vie en commun. Mais pour tel pays, ou autre circonstance déterminante, la même chose ne s'impose pas de la même façon comme juste. (M. XXXVI)

Qui aime l'argent sans rester juste est criminel. La justice avec l'amour de l'argent est laide, car il est malséant d'épargner sordidement, même si la justice le permet. (S. 43)

Si la lutte et la richesse donnent jusqu'à un certain point la sécurité parmi les hommes, la meilleure sécurité, celle de tous, se trouve dans la tranquillité et la stabilité. (M. XIV)

Puisses-tu ne rien faire dont tu aies lieu de craindre qu'autrui ne vienne à l'apprendre. (S. 70)

(« Rien n'est juste par nature et il faut éviter le crime par la raison qu'on ne peut alors éviter la peur » — Sénèque.)

Des mœurs

Nous nous faisons honneur en suivant honnêtement les coutumes qui sont les nôtres. Il faut agir de même à l'égard de nos semblables, pour peu qu'ils aient aussi de l'honnêteté. (S. 15)

Oté la vue et le commerce de la vie en commun, le désir amoureux est tari. (S. 18)

J'apprends que chez toi la chair est plus exigeante. Fais et choisis selon ton vœu, si du moins tu respectes les lois, n'enfreins pas ce que la coutume tient pour honnête, ne peine pas tes proches, n'abîme pas ta chair et ne dissipe le nécessaire. Or on n'arrive pas à ce choix si un de ces obstacles nous retient : c'est que jamais les plaisirs de l'amour ne font de bien. Il faut être heureux s'ils ne font pas de mal[10]. (S. 51)

Personne ne doit être sujet d'envie : les gens de bien ne sauraient nous rendre envieux; quant aux méchants, plus ils prospèrent, plus ils se nuisent à eux-mêmes. (S. 53)

10. Nous sommes loin des « libertins » ! Mais il n'y a pas là une condamnation de l'amour. Simplement le désir ne produit pas de plaisir au-delà de lui-même et la difficulté indiquée par ce passage est que la jeunesse, la plus avide de ce désir, est la moins à même de le maîtriser pour en bien jouir.

Si les parents s'irritent contre les enfants suivant la règle, il n'y a pas à résister et il ne faut pas quémander le pardon. S'ils le font de manière déraisonnable, il serait ridicule de nourrir la folie par la passion : il faut chercher autrement à les ramener à la bienveillance. (S. 62)

(« Nous sommes arrivés à Lampsaque, sains et saufs, moi, Pythoclès, Hermaque et Ctésippe, et nous y avons trouvé Thémista et les autres amis bien portants. Tant mieux pour toi si tu es en bonne santé ainsi que ta maman, et si tu obéis en tout à grand-père et à Matron, comme par le passé. Sache bien que si moi et les autres t'aimons bien, c'est parce que tu leur obéis parfaitement. » Fragment dans Usener - 176.)

Le contentement

La pauvreté mesurée à l'aune de la nature est grande richesse. La richesse ignorante de la mesure est grande pauvreté. (S. 25)

La chair parle : ne pas avoir faim, soif, froid. Cela acquis et assuré pour l'avenir, on peut rechercher la félicité. (S. 33)

Le sage, se conformant à la nécessité, préfère donner à recevoir : car le contentement est son trésor. (S. 44)

Le ventre n'est pas insatiable, comme on le croit souvent. Insatiable est précisément la fausse idée de celui qui croit en l'inassouvissement du ventre. (S. 59)

L'approbation d'autrui doit suivre tout naturellement. Occupons-nous nous-mêmes d'abord de notre santé. (S. 64)

Rien ne suffira jamais pour qui le suffisant est peu. (S. 68)

La manifestation de certaines douleurs est bénéfique pour qu'on sache s'en protéger. (S. 73)

La liberté, fruit suprême de l'autarcie. (S. 77)

(« Celui qui n'est pas tout à fait content de ce qu'il possède sera malheureux, quand même il serait maître du monde » — Sénèque.)

La sérénité

L'être bienheureux et incorruptible n'a pas de soucis et n'en cause pas à autrui. Ainsi il ne manifeste ni colère ni bienveillance, car se mettre dans ces situations c'est être dans la faiblesse. (M. I)

Nul intérêt à être en sécurité parmi les hommes si par ailleurs nous craignons ce qui est dans le ciel ou sous la terre, et plus généralement dans l'infini. (M. XIII)

Chez la plupart le tranquille est engourdi, l'émotion est fureur. (S. 11)

La félicité n'appartient point au jeune mais au vieillard qui sut vivre bien. Car le premier, débordant de vigueur, erre au gré de la fortune. Le vieil homme est comme en un port où il ancre solidement ces biens dont jadis il n'était point sûr. (S. 17)

Ni la richesse, même immense, ni les honneurs et la considération accordée par la multitude, ni ce qui ne vient pas d'une cause précise, ne sauraient dissiper l'agitation de l'âme et produire la vraie joie. (S. 81)

Certains veulent les honneurs et la considération, pensant ainsi être en sûreté contre les autres. Si leur vie est de la sorte protégée, ils ont agi conformément au bien de la nature ; s'ils n'ont point la tranquillité, ils n'ont pas eu ce en vue de quoi ils avaient agi conformément à la nature à l'origine. (M. VII)

Qui n'est pas agité par lui-même n'est pas importuné par autrui. (S. 79)

Comparée à celle des autres la vie d'Epicure est bien fabuleuse en effet, pour sa douceur et son contentement. (S. 36)

Il faut rire, faire de la philosophie, gouverner sa maison, mettre à profit tout ce que l'on a et que jamais la colère ne nous entraîne lorsque nous philosophons ! (S. 41)

Connaître la nature n'est pas le fait des vantards, des beaux parleurs et des esprits forts adulés par la foule, c'est le fait de penseurs intrépides et contents, fiers non pas de ce qui vient de la fortune mais d'eux-mêmes. (S. 45)

Ne pas feindre de philosopher, mais faire vraiment de la philosophie : il ne nous faut pas des allures de santé, mais une vraie santé. (S. 54)

Si l'on n'y prend garde, la précision elle-même peut avoir le même résultat que la pire confusion. (S. 63)

Lors d'une dispute argumentative le vaincu trouve plus d'avantage, en ceci qu'il s'instruit. (S. 73)

Tu as su vieillir en suivant ma parole. Tu as su philosopher et pour toi-même et pour la Grèce : je m'en réjouis avec toi. (S. 76)

Maximes de l'amitié

Parmi tout ce que la sagesse se procure en vue de la félicité d'une vie tout entière, ce qui de beaucoup l'emporte, c'est l'amitié. (M. XXVII)

Savoir que rien ne doit angoisser, ni éternellement ni même longtemps, c'est aussi savoir qu'en notre condition précaire l'amitié est la sécurité la plus accomplie. (M. XXVIII)

L'homme généreux s'accomplit dans la sagesse et l'amitié qui sont d'une part un bien de la pensée et d'autre part un bien immortel. (S. 78)

Toute amitié est en soi une perfection, toutefois elle débute par des bienfaits. (S. 23)

Le lien amical n'est pas dans la communion endeuillée mais dans l'attention prévenante. (S. 66)

Avec nos amis nous recourons moins à l'amitié qu'à la certitude de ce recours. (S. 34)

Ceux qui sont précipités ou trop lents à tisser des liens amicaux sont peu doués d'amitié, car en faveur de l'amitié il faut même oser provoquer les faveurs. (S. 28)

Il n'est pas vraiment un ami, celui qui veut sans cesse jouir de l'amitié, ni celui qui ne le veut jamais. Le premier fait trafic de ses bienfaits, le second empêche qu'on espère en l'avenir. (S. 39)

L'amitié encercle le monde par sa danse, conviant chacun à la vie bienheureuse. (S. 52)

Très belle, la vue de nos proches quand règne l'affinité : c'est vers cela que l'attention prévenante doit tendre. (S. 61)

Ils vécurent ensemble une vie très sûre, la plus douce du monde grâce à la confiance, ceux qui, surtout par leurs voisins, gagnèrent la force de la tranquillité. Après l'amitié la plus parfaite, ils n'eurent pas à se lamenter lorsque l'un d'eux terminait ses jours. (M. XL)

(« Ceci n'est pas pour la foule, mais pour toi ; car nous sommes l'un à l'autre un théâtre assez grand » — Sénèque.)

LA CONDUITE DU SAGE[1]

(Diogène Laërce, X, 117-121)

Voici ce que Laërce écrit relativement aux choses de la vie et sur la manière de choisir et de refuser certaines conduites. Mais d'abord nous allons donner un aperçu de ce que lui et ses disciples disent du sage :

Les blessures causées par les hommes viennent de la haine, de l'envie ou du mépris ; tous maux que le sage domine grâce au raisonnement.

Lorsqu'on est parvenu à la pleine sagesse, on ne peut retourner à l'état contraire ; on a même peine à se le représenter.

Quand bien même les passions l'assaillent, cela n'entrave point sa sagesse. Certes il n'est pas possible d'arriver à la sagesse à partir de certaines conditions physiques, ni dans tous les peuples[2].

Jusque sous la torture le sage reste dans la félicité ; seul le sage est capable de reconnaissance constante et inlassable, s'il s'appuie sur ses amis, qu'ils soient présents ou absents. Mais s'il souffre dans la torture, il gémit et il hurle.

Là où les lois ne le permettent pas, le sage ne prendra point femme (c'est ce que dit Diogène dans l'*Abrégé des pensées morales d'Epicure*) ; il ne punira pas les domestiques, au contraire l'homme sensé les prend en pitié et sait pardonner à tel d'entre eux.

Les épicuriens ne pensent pas que l'homme sage puisse subir la passion de l'amour, ni se soucier de sa sépulture. Et la passion ne vient pas des dieux. Et l'épicurien n'a pas à être un beau parleur.

---

1. Ce passage précède les *Lettres* d'Epicure.

2. Un trop grave degré de débilité corporelle ou de misère sociale cause un tel trouble que l'on ne peut y entamer le mouvement vers la sagesse.

Pour la chair, ils disent que jamais elle ne fait de bien et qu'il faut déjà être content si elle ne fait pas de mal.

Toutefois le sage peut éventuellement prendre femme et procréer, comme le dit Epicure dans les *Cas incertains* et les livres *Sur la Nature*. Mais il se mariera suivant sa situation et au moment opportun. Mais certains sages seront perplexes.

Dans *le Banquet* Epicure dit que le sage ne saura se garder de l'ivresse[3]. Et il ne fera pas le politicien, comme il est écrit dans le livre I de *Des Vies*, il ne fera pas le tyran ; ni le cynique ni le clochard. Mais, même privé de la vue, il ira portant en lui la vie même de la vie, comme il dit au livre II de *Des Vies*.

Et le sage peut éprouver du chagrin, comme le dit Diogène dans le cinquième livre des *Epilectes*.

Il pourra ester en justice.

Il pourra laisser des écrits, mais non pas faire des harangues.

Il prendra soin de son bien et de l'avenir.

Il peut s'établir à la campagne.

La Fortune, il l'affronte ; ce qui lui est vraiment cher n'est pas objet d'acquisition.

Il ne se souciera de la renommée que dans la mesure où cela n'attire pas le mépris.

Son plaisir est plus grand que celui des spectateurs au théâtre.

Il peut dresser des statues. Si cela l'indiffère, deviens indifférent à cela, toi aussi.

Seul le sage sait discuter justement des arts et de la poésie, mais il ne jouera pas lui-même.

Le sage n'est pas plus sage qu'un autre sage.

Il gagne de l'argent, puisque c'est la sagesse qui le met au niveau du besoin.

S'il le faut, il pourra servir un monarque.

Il se réjouira si quelqu'un est apte à l'amender.

Il aura une école, mais ne drainera pas les foules. Il lira devant le grand nombre, si toutefois on l'en prie.

Il enseigne les principes et non le doute.

Dans son sommeil il est égal à lui-même.

Il peut perdre la vie pour défendre l'ami.

Selon les épicuriens les fautes sont inégales.

---

3. Contre une certaine tradition qui fait du sage un être sacré, Epicure montre la nature de l'ivresse.

Pour certains la santé figure parmi les biens, pour les autres c'est indifférent.

Le courage n'est pas spontané, il émane de la réflexion sur ce qui convient. L'amitié naît de l'usage. Mais elle doit avoir commencé auparavant, car de fait nous ensemençons la terre. Mais elle s'accomplit par la communauté, chez ceux qui sont comblés de plaisir.

La félicité se conçoit sous deux formes : la plus haute qui nous met en rapport avec les dieux — elle ne connaît plus d'accroissement possible — la seconde est faite de l'adjonction et de la suppression de plaisir.

DIFFÉRENCE AVEC LES CYRÉNAIQUES

(Diogène Laërce, X, 135-138)

Sa conception du plaisir diffère de celle des Cyrénaïques. Car ces derniers n'admettent pas le plaisir immobile mais uniquement le plaisir en mouvement. Epicure tient qu'il y a des plaisirs de l'âme aussi bien que des plaisirs du corps. Cette idée se trouve développée dans son livre *Sur ce qu'il faut choisir et sur ce qu'il faut éviter*, dans *Du But de la vie*, dans le premier livre de *Sur la Manière de vivre* et dans la lettre adressée aux amis de Mytilène. Et c'est aussi ce que disent Diogène, dans le dix-septième livre de ses *Traités choisis* et Métrodore dans le *Timocrate*, lorsqu'ils disent : on peut concevoir le plaisir comme résidant ou dans le mouvement ou dans le repos. Mais Epicure s'exprime ainsi dans *Sur ce qu'il faut choisir* : la parfaite sérénité de l'âme et l'absence de douleur sont des plaisirs stables, tandis que la joie et la gaieté sont des plaisirs mobiles.

Il diffère en outre des Cyrénaïques parce que ces derniers croient que les souffrances du corps sont plus pénibles que celles de l'âme, puisque les criminels ne sont touchés que par le châtiment corporel. Au contraire, Epicure dit que les souffrances de l'âme sont les plus pénibles. Car la chair ne souffre que dans le présent alors que l'âme souffre du passé, du présent et de l'avenir. Partant, les plaisirs de l'âme sont aussi plus grands que ceux du corps. Epicure montre que le plaisir est le but de la vie du fait que les vivants, dès qu'ils sont nés, aiment le plaisir et fuient la douleur et cela par une réaction toute physique, sans intervention du raisonnement. C'est ainsi que par l'effet de la sensibilité nous fuyons la souffrance, comme le fait Héraclès lorsque, dévoré par la tunique, « il pousse des cris déchirants et hurle de douleur ; les rochers tout autour, les promontoires montagneux des Locriens et les hauteurs d'Eubée font entendre un son plaintif[1] ».

Donc il faut acquérir les vertus en vue des plaisirs qu'elles dispensent et non pour elles-mêmes, de même que c'est pour la santé qu'on apprécie la médecine. Diogène (de Tarse) dit aussi cela dans le vingtième livre de ses *Traités choisis* et il dit aussi que l'éducation s'étend sur tout le temps de la vie. En outre Epicure soutient que seule la vertu ne sépare pas du plaisir, alors que tout le reste peut s'en dissocier, comme par exemple la nourriture.

1. Citation de la tragédie de Sophocle, *Les Trachiniennes* (v. 787 sqq.).

DOCUMENTS

L'épicurisme chez Lucrèce et chez Hegel

LUCRÈCE ET LA MORALE ÉPICURIENNE

De la Nature des choses dans la traduction revue par Paul Nizan.

Éloges d'Épicure : « La religion... foulée aux pieds »

« Quand la vie humaine était écrasée sur la terre, oppressée par une pesante religion, qui montrait du haut des régions célestes un visage dont l'aspect terrible menaçait l'homme, le premier, un Grec, osa lever contre elle ses yeux mortels et le premier osa contre elle se dresser. Ni les fables des dieux ni la foudre ni les grondements menaçants du ciel ne l'arrêtèrent. Ils ne firent qu'exciter davantage son courage, son désir de forcer le premier les portes étroitement closes de la nature. Ainsi la force vive de son esprit l'emporta, il s'avança au-delà des murailles enflammées du monde, par la pensée et par l'esprit il parcourut l'immense tout, pour nous en rapporter, vainqueur, la connaissance de ce qui peut et de ce qui ne peut pas naître, les lois qui délimitent la puissance de chaque chose suivant des bornes fixes. Ainsi la religion, à son tour foulée aux pieds, est renversée, et la victoire nous égale au ciel » (Livre I, vers 62-79).

« Comme un plaisir divin »

« Toi qui pus le premier faire jaillir de tant de phénomènes une lumière si belle et éclairer les vrais biens de la vie, je suis tes traces, ô honneur du peuple grec, et dans les empreintes laissées par tes pas, je pose maintenant le pied, moins désireux de rivaliser avec toi que poussé par l'amour qui m'engage à t'imiter. L'hirondelle peut-elle lutter avec les cygnes, les chevreaux peuvent-ils, avec leurs pattes tremblantes, égaler la puissante course du cheval ?

O père, inventeur de vérité, tu nous prodigues des préceptes paternels ; dans tes livres, ô glorieux, — comme les abeilles, butinant tout dans les prés fleuris — nous nous repaissons de ces paroles d'or, les plus dignes qui fussent jamais de la vie éternelle.

Dès que ta doctrine a commencé à proclamer la nature des choses, établie par ton esprit divin, les terreurs de l'esprit se dissipent, les murailles du monde s'écartent, à travers le tout, je vois les choses s'accomplir. Apparaissent la puissance des dieux et leurs séjours pacifiques que n'ébranlent pas les vents, que les nuages ne battent pas de leurs pluies, que la neige blanche, condensée par le froid aigu, n'outrage pas de sa chute, mais que couvre toujours un éther sans nuage et qui sont riants sous le vaste rayonnement de la lumière. La nature les comble, jamais rien n'effleure la paix de leur âme.

Mais nulle part n'apparaissent les lieux de l'Achéron, et la terre n'empêche pas de discerner toutes les choses qui s'accomplissent sous nos pieds dans les profondeurs du vide.

Devant ces choses, comme un plaisir divin, mêlé d'horreur, me saisit, à la pensée que la nature, ainsi découverte par ta puissance, se montre, totalement dépouillée de ses voiles » (Livre III, 1-30).

« Il purifia donc les cœurs »

« La première, Athènes au nom glorieux, distribua aux mortels malheureux les fruits des moissons, renouvela la vie et institua des lois ; la première aussi, elle donna les douces consolations de la vie, en engendrant l'homme au vaste génie, dont les lèvres véridiques donnèrent réponse à toutes choses. Il est mort : mais ses divines inventions ont répandu à travers les années sa gloire qui s'élève désormais jusqu'au ciel.

Il vit que tout le nécessaire réclamé par les besoins de la vie était à peu près assuré aux mortels, que leur existence était, dans la mesure du possible, à l'abri du danger ; il vit que les puissants regorgeaient de richesses, d'honneur et de gloire et se prévalaient de la bonne renommée de leurs enfants, et que pourtant, dans le secret d'eux-mêmes, ils avaient des cœurs angoissés qui tourmentaient sans répit la vie de l'esprit et le faisaient s'emporter en furieuses plaintes. Il comprit que tout le mal venait du vase lui-même, dont les défauts laissaient perdre tout ce qu'on y versait, et les biens mêmes : soit que, perméable et sans fond, il apparût incapable de se jamais remplir, soit que le goût infect dont il le sentait imprégné corrompît tout ce qu'il contenait.

Par ses paroles véridiques, il purifia donc les cœurs, il fixa des limites aux désirs et aux terreurs, il définit ce souverain bien vers quoi nous tendons et il nous montra la voie la plus courte et la plus droite qui pût nous y conduire. Il fit voir tout ce qu'il y avait de malheur dans les choses humaines, comment il se produit et s'envole sous des formes diverses, soit par accident ou par cause naturelle, selon l'ordre établi par l'univers ; il enseigna par quelles portes il faut sortir pour le repousser et montra que c'est presque toujours sans raison que le genre humain roule dans sa poitrine les tristes flots de ses tourments. Comme les enfants qui tremblent et s'effrayent de tout dans les ténèbres aveugles, nous redoutons au grand jour des choses qui ne sont pas plus terribles que celles que les enfants craignent et voient s'approcher dans la nuit.

Cette terreur, ces ténèbres spirituelles, ce ne sont pas les rayons du soleil, les flèches étincelantes du jour qui doivent les dissiper, mais le visage radieux de la nature et son explication » (Livre VI, 1-41).

Sérénité

« Il est doux, quand sur la grande mer les vents bouleversent les eaux, de contempler de la terre les grandes épreuves d'autrui. Non point que la souffrance de l'homme soit un plaisir, mais parce qu'il est doux de voir à quels maux on échappe soi-même. Il est doux de regarder les grands engagements de la guerre qui se déroulent dans les campagnes, quand on n'a point de part au danger. Mais il n'y a rien de plus doux que de tenir les hauts lieux fortifiés par la science des sages, les séjours pacifiques d'où l'on peut voir errer les hommes qui cherchent à l'aveugle le chemin de la vie, qui rivalisent de génie, de noblesse, qui nuit et jour s'efforcent, par un travail sans égal, d'arriver au sommet de la fortune ou de s'emparer du pouvoir.

Esprits misérables des hommes, cœurs aveugles, dans quelles ténèbres, dans quels périls se passe ce peu de chose qu'est la vie ! Ne sais-tu pas ce que crie la nature ? Qu'elle ne veut pour le corps que l'absence de douleur, pour l'esprit que le sentiment de bien-être, sans inquiétude et sans angoisse ?

Il faut peu de chose au corps : tout ce qui supprime la douleur peut aussi lui procurer bien des délices. La nature elle-même ne réclame alors rien de plus agréable : s'il n'y a pas dans les maisons des statues dorées de jeunes gens tenant dans leurs mains droites des lampes allumées pour éclairer les orgies de la nuit, si la maison ne brille pas d'argent, n'éclate pas d'or, si les cithares ne font point résonner les salles à lambris et à dorures, c'est assez, étendus entre amis dans l'herbe élastique, au bord d'une eau courante, sous les branches d'un grand arbre, de pouvoir à peu de frais nourrir agréablement nos corps, surtout quand le temps est riant et que la saison couvre de fleurs l'herbe verte. Et les fièvres brûlantes ne quittent pas plus vite un corps couché sur des broderies ou sur la pourpre qu'un corps couché sur une couverture plébéienne.

Puisque pour notre corps les trésors ne sont d'aucun secours, ni la naissance, ni la gloire du trône, pour le reste, il faut penser qu'ils ne sont pas plus utiles à l'esprit. Est-ce que par hasard, en voyant tes légions déployer avec ardeur sur le Champ-de-Mars les imitations de la guerre, soutenues par de nombreuses réserves, une puissante cavalerie, pourvues dans chaque parti des mêmes armes et animées du même courage, et voyant la flotte manœuvrer fiévreusement au large, — est-ce que les superstitions effrayées par ces choses s'enfuient, est-ce que les terreurs de la mort quittent ta poitrine, la laissant libre et délivrée de l'angoisse ? » (Livre II, 1-46).

« Vivre de peu »

« Si pourtant on gouvernait sa vie d'après la vraie raison, la grande richesse pour l'homme est de vivre le cœur content de peu : il n'y a jamais disette de ce peu. Mais les hommes se sont voulus célèbres et puissants, afin que leur fortune fût assise sur un solide fondement et qu'ils pussent vivre une vie opulente et tranquille. En vain, car luttant pour arriver au plus haut des honneurs, ils ont encombré de périls le chemin de la vie. Et même au sommet, l'envie les foudroie comme l'éclair et les jette honteusement dans le terrible Tartare. Car l'envie, comme l'éclair, incendie plutôt les hauts lieux et ce qui s'élève au-dessus du commun. Il vaut mieux obéir paisiblement que de vouloir soumettre le monde à son empire et tenir le pouvoir royal. Qu'ils suent leur sueur de sang, qu'ils s'épuisent dans leurs batailles vaines sur le chemin étroit de l'ambition, puisqu'ils n'ont de goût que par la bouche d'autrui et choisissent plutôt par ouï-dire que par leurs propres sensations » (Livre V, 1117-1134).

Le mal

« La violence et l'injustice sont comme des filets : d'où qu'elles viennent, elles reviennent toujours sur leur auteur, et il n'est pas facile de mener une vie calme et paisible quand on a violé par ses actes les contrats collectifs de la paix. Même si on échappe aux dieux et aux hommes, on ne doit pas croire que l'acte demeurera éternellement inconnu » (Livre V, 1152-1157).

Les effets du trouble

« Il faut chasser et abattre cette peur de l'Achéron[1] qui enfoncée dans l'homme bouleverse sa vie, colore tout du noir de la mort, ne laisse limpide aucun plaisir.

Les hommes disent souvent que les maladies sont plus terribles que la mort, la honte plus terrible que le Tartare ; qu'ils savent que la nature de l'âme est faite de sang, ou de vent, si leur fantaisie les porte, et qu'ils n'ont pas besoin de nos raisons. Mais tu verras que ce sont là propos glorieux de vantards plutôt que conviction réelle. Chassés de leur patrie, bannis loin du regard des hommes, déshonorés par un crime infamant, accablés enfin de tous les malheurs, ils vivent, et partout où leur misère les a menés, ils sacrifient aux morts, ils égorgent des brebis noires, ils font des offrandes aux dieux mânes, l'amertume même du malheur tourne leur esprit à la religion. C'est dans l'incertitude des périls qu'il faut considérer l'homme, dans le malheur qu'il faut savoir qui il est. C'est alors que des paroles authentiques jaillissent de sa poitrine : le masque tombe, la vérité demeure.

Enfin la cupidité, le désir aveugle des honneurs qui contraignent les misérables hommes à franchir les limites du droit, à se faire parfois complices et ministres des crimes, à travailler nuit et jour à arriver au sommet de la fortune, ces blessures de la vie sont presque toujours entretenues par la

---

1. C'est-à-dire l'enfer.

terreur de la mort. Car le mépris infamant, la poignante pauvreté paraissent éloignés d'une vie douce et stable, et semblent séjourner aux portes de la mort. Alors les hommes contraints par leur fausse terreur veulent fuir loin de ces maux et les écarter loin d'eux, ils enflent leur fortune par des crimes, ils doublent leurs richesses avidement, accumulant meurtre sur meurtre, ils tirent cruellement de la joie des funérailles d'un frère, et la table de leurs parents leur est un objet de haine et d'effroi.

De la même manière c'est souvent cette même terreur qui fait naître l'envie desséchante : on voit un homme puissant, un homme qui attire les regards et qui marche dans l'éclat des honneurs, on est soi-même dans l'ombre et la boue, on se plaint. Des hommes meurent pour des statues, pour l'honneur du nom. Et souvent même, dans la terreur de la mort, le dégoût de la vie et de la lumière saisit si fort les hommes qu'ils se donnent volontairement la mort par excès de détresse, oubliant que la source des angoisses est cette terreur même, que c'est elle qui persécute la vertu, qui rompt les liens d'amitié, dont les conseils enfin détruisent la piété. Souvent déjà des hommes ont trahi leur patrie et leurs parents en cherchant à échapper aux séjours de l'Achéron » (Livre III, 37-88).

« La mort n'est donc rien pour nous »

« La mort n'est donc rien pour nous, elle ne nous concerne point, puisque la nature de l'âme est mortelle. De même que nous n'avons point senti la douleur dans le passé, au temps où les Carthaginois arrivaient de partout pour nous combattre, où le monde, secoué par le tumulte effrayant de la guerre, tremblait d'horreur sous les voûtes profondes de l'éther, où les hommes se demandaient à qui reviendrait l'empire de la terre et de la mer, de même, quand nous ne serons plus, quand il y aura eu ce divorce du corps et de l'âme dont l'union fait notre être, alors rien ne pourra plus nous atteindre ou nous émouvoir, nous qui ne serons plus, même si la terre se mêle à la mer et la mer au ciel... Même si le temps rassemblait notre matière après notre mort et la remet dans le même ordre que maintenant et nous soient encore une fois données les lumières de la vie, cet événement ne nous touchera nullement, puisque la chaîne de nos souvenirs aura été rompue. Et de même, maintenant, il ne nous importe aucunement de savoir qui nous fûmes ; aucune angoisse ne nous saisit à la pensée de ce moi d'autrefois. Car si l'on considère toute l'étendue passée du temps infini, l'infinité des mouvements de la matière, il est facile de croire que ces mêmes éléments dont nous sommes faits ont déjà été rangés plus d'une fois dans le même ordre que maintenant, sans que nous puissions ressaisir dans notre mémoire cet état du passé. Entre-temps, il y a eu suppression de la vie et tous les mouvements se sont égarés au hasard, en dehors des sensations. Il faut que, pour que malheur et souffrance atteignent un homme, qu'il soit lui-même vivant au temps où le malheur peut l'atteindre. Puisque la mort détruit cette existence et empêche d'être celui que menaceraient tous ces maux, nous pouvons en conclure qu'il n'y a rien à redouter dans la mort, que celui qui n'est pas ne peut être malheureux et qu'il n'importe point qu'il soit ou non déjà né à un autre moment, puisque cette vie mortelle, une mort immortelle l'a détruite.

Quand tu vois un homme se désespérer en pensant qu'après sa mort son corps abandonné pourrira ou sera dévoré par le feu ou la dent des bêtes sauvages, sache que sa voix sonne faux, qu'il y a dans son cœur quelque aiguillon aveugle, malgré son refus de croire qu'un sentiment puisse subsister en lui dans la mort. Je crois qu'il n'accorde pas ce qu'il annonce et ne donne pas ses vraies raisons, il ne se retranche pas, il ne s'arrache pas radicalement de la vie, mais à son insu même, il suppose que quelque chose de lui survit. Quand un vivant se représente son corps déchiré par les oiseaux et les bêtes, c'est sur lui-même qu'il s'apitoie : il ne se sépare, il ne se distingue pas assez de ce corps étendu, il s'imagine debout près de lui, et il lui prête sa sensibilité. Ainsi il s'indigne d'être né mortel, il ne voit pas que dans la véritable mort il n'y aura pas d'autre lui-même qui, toujours vivant, puisse pleurer sa propre perte et, resté debout, gémir de se voir inerte, dévoré ou brûlé... Si la nature parlait soudain et faisait à l'un de nous ces reproches :

« Qu'est-ce qui te tient tant à cœur, mortel, pour que tu cèdes à ces plaintes trop amères ? Pourquoi la mort te fait-elle gémir et pleurer ? Car si la vie t'a été bonne, si tous les plaisirs n'ont pas été entassés dans un vase sans fond, s'ils ne sont pas écoulés, s'ils n'ont pas disparu en vain, pourquoi ne quittes-tu pas la vie comme un convive satisfait, pourquoi, pauvre sot, n'accueilles-tu pas sereinement un repos qui ne sera jamais menacé ? Et si les choses dont tu as joui ont passé en vain, si la vie t'est odieuse, pourquoi veux-tu l'allonger d'un temps qui aboutira à son tour à une triste fin et se dissipera tout entier sans profit ? Ne vaut-il pas mieux mettre fin à ta vie et à tes peines ? Je ne veux plus imaginer quelque invention nouvelle pour te plaire : les choses sont éternellement les mêmes. Si ton corps n'est pas décrépit par les années, si tes membres ont gardé leur force, les choses restent pourtant les mêmes ; si même ta vie triomphait de toutes les générations et bien plus encore, si tu ne devais jamais mourir. »

Que répondre, sinon que la nature nous intente un juste procès et qu'elle plaide la cause de la vérité ?...

Toutes les générations qui t'ont précédé sont mortes : celles qui te succéderont mourront. Ainsi les êtres ne cessent jamais de naître les uns des autres, la vie n'est la propriété de personne, elle est l'usufruit de tous. Regarde en arrière : vois quel néant a été pour nous cette antiquité du temps éternel qui précéda notre naissance. Voilà le miroir sur lequel la nature nous montre notre avenir au-delà de la mort. Y voit-on apparaître quelque chose d'horrible ou de désolé, n'est-ce pas un état plus tranquille que tous les sommeils ?...

Si les hommes pouvaient, quand ils semblent sentir dans leur cœur un poids dont la lourdeur l'épuise, savoir les causes de ce mal, savoir pourquoi demeure dans leur poitrine un si grand fardeau de malheur, ils ne vivraient pas comme nous les voyons presque tous vivre, ignorant ce qu'ils veulent, cherchant toujours à changer de place comme pour se délivrer d'un fardeau. Voici un homme qui passe sans cesse le seuil de sa grande maison parce qu'il en a soudain dégoût, mais il y revient brusquement parce qu'il ne se sent nullement mieux dehors. Il se précipite, poussant ses chevaux, à sa maison des champs comme s'il courait au secours de son toit incendié ; il s'ennuie dès qu'il en a touché le seuil, ou il tombe lourdement dans un sommeil où il cherche l'oubli, ou il revient en hâte vers la ville. C'est ainsi que chacun se fuit, mais comme il est impossible d'échapper, on reste attaché à ce moi qu'on déteste : le malade ne sait point la cause de sa maladie. Si on la voyait bien, abandonnant tout le reste, on chercherait d'abord à connaître la nature des choses : car c'est du temps éternel qu'il s'agit, et non d'une heure, ce temps éternel où les mortels passeront toute la durée qui reste à courir après la mort.

Faut-il donc tellement trembler devant l'incertitude du danger ? Quel est donc ce grand désir misérable de la vie qui nous y contraint ? La fin de la vie est là, elle est fixée pour les mortels, personne n'échappera à cette comparution devant la mort.

Nous tournons dans le même cercle, nous n'en sortirons pas : aucun plaisir nouveau ne naîtra de l'allongement de la vie. Mais quand ce que nous désirons est loin, il nous semble dépasser tout le reste. Quand nous l'avons atteint, la même soif de la vie nous tient toujours haletants.

Nous ne savons rien du sort que l'avenir nous réserve, des traverses et de la mort qui nous attendent. Et la prolongation de notre vie ne soustrait rien au temps réservé à la mort : nous ne pouvons rien lui enlever pour diminuer la durée de notre néant. Tu pourras enterrer toutes les générations que tu voudras : la mort éternelle t'attendra toujours. L'homme dont la mort date d'hier et celui qui est mort depuis des mois et des années seront aussi longtemps plongés dans le néant » (extraits du Livre III).

Le temps

« Ainsi continue avec des succès égaux la guerre que se font les principes depuis le commencement des temps infinis. Tantôt ici, tantôt là, les principes de la vie triomphent, puis sont vaincus. Au deuil se mêle le vagissement que poussent les enfants abordant aux rives de la lumière. Aucune nuit n'a suivi le jour, aucun jour n'a suivi la nuit qui n'aient entendu mêlés aux vagissements aigus les pleurs, compagnes de la mort et des sombres funérailles » (Livre II, 573-580).

La nature des dieux, « subtile nature »

« De même, il t'est impossible de croire que les séjours sacrés des dieux existent quelque part dans ce monde. Subtile en effet est la nature des dieux ; bien au-delà de la portée des sens, elle paraît à peine concevable à l'esprit. Comme elle échappe au contact et à la prise de nos mains, elle ne peut rien toucher qui nous soit tangible. Le toucher est interdit à ce qui est soi-même intangible. C'est pourquoi leurs séjours doivent être différents des nôtres, subtils comme leur substance même. Toutes choses que je prouverai plus tard en détail.

Dire d'autre part que c'est pour les hommes que les dieux ont voulu préparer les merveilles du monde, et qu'il faut donc louer leur admirable ouvrage, le croire éternel et promis à l'immortalité, penser qu'il est sacrilège d'ébranler ses fondements par aucune attaque parce qu'il a été bâti par l'antique sagesse des dieux pour les hommes et institué sur l'éternité, qu'il ne faut point l'attaquer en paroles ni vouloir le bouleverser, toutes ces choses et tout ce qu'on peut imaginer de plus dans ce genre, Memmius, ne sont que folie. Quel bénéfice des êtres immortels et bienheureux pourraient-ils espérer de notre gratitude, pour entreprendre un acte pour l'amour de nous ? Quelle nouveauté a pu après tant d'années pacifiques les pousser à vouloir changer leur ancienne vie ? La joie des nouveautés ne séduit que ceux qui sont las du passé. Mais celui dont le passé a ignoré le malheur, celui qui a magnifiquement vécu, comment un tel amour de la nouveauté a-t-il pu l'enflammer ? Quel mal y avait-il pour nous à n'être point créés ?... Et le modèle des choses à créer et l'idée même des hommes, d'où sont-ils donc venus aux dieux ? Comment ont-ils pu savoir et voir ce qu'ils voulaient faire ? Comment ont-ils jamais pu connaître la vertu des corps premiers et ce que ceux-ci pouvaient réaliser en modifiant leur ordre, si la nature elle-même ne leur a pas donné le modèle de la création ? » (V, 146-174 & 181-186).

HEGEL ET LA MORALE ÉPICURIENNE

Leçons sur l'histoire de la philosophie, I 2 B 4, traduit par P. Pénisson.

Philosophie de l'esprit

La morale d'Epicure est la partie de sa doctrine la plus décriée (par là c'est la plus intéressante). Mais on peut tout aussi bien dire que c'est la meilleure partie. Certes il donne une description de l'âme, de l'esprit, ce qui ne signifie pas grand-chose, car il est trop prisonnier d'une analogie, liée à la métaphysique des atomes. En notre âme la logique est une agrégation de légers atomes, qui ne prennent force que par cette agrégation, leur activité provient de la sensation, c'est-à-dire d'une « sympathie » mutuelle, c'est-à-dire par l'ensemble issu du flux atomique allant de l'extérieur jusqu'au dedans. C'est là une représentation pauvre et triviale qui ne saurait nous arrêter. Le but de la philosophie *pratique* d'Epicure vise la singularité de la conscience de soi, tout comme les stoïciens. Et le but de sa morale est aussi le même, l'impassibilité de l'esprit, plus exactement une jouissance, pure et sans mélange, de soi-même.

Si nous considérons le principe abstrait de la morale épicurienne, le jugement ne pourra être que fort défavorable. En effet, si la sensation, le sentiment de l'agréable et du désagréable, doit être le critère du juste, du bon et du vrai, de ce qui doit faire le but d'une vie humaine, alors la morale est en vérité supprimée, ou encore le principe moral est en fait immoral. Nous pensons que l'arbitraire dans l'action ouvre la porte au « n'importe quoi ». Maintenant, dire que la sensation est le fondement de l'action (« Parce que je trouve en moi l'impulsion, alors cela me convient »), c'est bien l'épicurisme. Chacun ressent différemment ; le même individu ressentira différemment selon les moments. C'est pourquoi chez Epicure aussi l'action est laissée à l'initiative de chaque subjectivité. Seulement, remarquons un point essentiel : lorsque Epicure fait du plaisir le but, cela ne vaut que s'il est le résultat même de la philosophie. Lorsqu'un individu n'est qu'un être sans raison ni ligne de conduite, plongé sans intelligence dans les plaisirs et menant une vie de libertinage, on ne peut pas du tout le tenir pour épicurien, et on ne peut imaginer qu'Epicure voit en un tel être la réalisation du but de la vie. On a remarqué plus haut que d'un côté la sensation est principe, mais aussi qu'on doit y lier essentiellement le *logos,* la raison, l'entendement, la pensée — toutes expressions qui toutefois n'ont pas ici à être distinguées. Il se trouve que chez Epicure, lorsqu'on a posé le plaisir comme critère du bien, on exige pour la pensée une *circonspection* (une conscience très développée) qui prend en compte le plaisir, voyant s'il ne va pas de pair avec un déplaisir qui le surpasse, et à partir de là il faut porter un jugement. Avec le logos, la circonspection, la délibération raisonnée, le calcul des effets du plaisir, la réflexion entre en jeu, montrant que si quelque chose est assurément agréable dans l'immédiat, les suites peuvent bien être funestes. Cette réflexion implique donc déjà qu'il faut parfois renoncer au plaisir. Le plaisir particulier doit être considéré en regard de la totalité : « la sagesse est le plus grand des biens », cela ne se réalise que par la philosophie. La sagesse justement n'est point immédiate mais en rapport avec la totalité. « Si l'on n'est pas sensé, vertueux et juste, on ne peut vivre heureux. » D'un autre côté, en faisant du plaisir un principe, les épicuriens ont fait du bonheur, de la félicité de l'esprit, un principe, si bien qu'il faut chercher le bonheur de manière à ce qu'il soit libre et indépendant des circonstances externes et des circonstances de la sensation. Et ainsi ils poursuivent la même fin que les stoïciens. Pour le sage Epicure a donné comme but *l'ataraxie* : une paix de l'esprit et une égalité à soi-même exempte de crainte et de désir. Epicure exige en vue de cela (pour se défaire des superstitions), en particulier la connaissance de la nature, libérée de toutes les pensées opinantes qui par excellence causent l'inquiétude humaine : pensées sur les dieux, sur leurs châtiments, spécialement la mort, qui n'est pas un mal puisqu'elle n'est qu'une simple privation et non quelque chose de positif. Libéré de cette crainte et de ces imaginations des hommes, lesquels placent toujours leur être dans quelque chose de précis, le sage ne recherche plus que le plaisir, comme un universel, seul élément positif. Ici le particulier et l'universel se rejoignent, ou encore le particulier se hisse jusqu'à l'universel et ne se considère qu'au regard du tout. Ce qui se passe, c'est donc qu'Epicure en faisant matériellement (c'est-à-dire suivant le contenu) du plaisir un principe, et en exigeant par ailleurs l'universalité de la pensée, accorde sa philosophie avec celle des stoïciens. Le sage épicurien doit se décrire avec les mêmes déterminations (qui sont négatives) que le stoïcien.

Si l'on considère abstraitement le principe, il y a d'un côté l'universel, la pensée, de l'autre le particulier, la sensation, et ces deux principes s'opposent purement et simplement. Mais la sensation ne fait pas tout le principe des épicuriens, elle ne s'acquiert que par la raison, le bonheur ne peut s'obtenir qu'ainsi, et donc les deux principes ont le même but. Diogène Laërce (X § 135) déclare de ce point de vue : « Il faut préférer être malheureux avec la raison à être heureux sans elle. » « Car il est mieux que dans les actions ce qui fut justement jugé ne soit pas réalisé par la chance. » Il est mieux d'avoir bien délibéré dans nos actions que d'être favorisé par la chance. Le bon jugement doit avoir notre préférence. « Aie ceci présent à ta réflexion, nuit et jour : suivre la raison, juger bien. Ne te laisse jamais déporter du calme de l'âme, de la sorte tu vivras tel un dieu parmi les hommes. Car il n'a rien de commun avec les vivants mortels, l'homme qui vit parmi les biens incorruptibles (immortels). »

Sénèque est connu comme stoïcien, au sens strict et étroit du terme. Il parle d'Epicure. On a chez Sénèque un témoignage sans parti pris sur la vie d'Epicure. Dans son écrit *De la vie bienheureuse* (c. XIII), il déclare : « Au demeurant, mon jugement c'est que les préceptes moraux d'Epicure sont le fait d'un homme saint et juste et, à le considérer exactement, austère. Car son plaisir revient à quelque chose de restreint et d'indigent. La loi que nous prescrivons pour la vertu, il la prescrit pour le plaisir. Il veut que ce dernier soit soumis à la nature. Or la nature se satisfait d'une opulence des plus réduites. » La vie stoïcienne diffère peu de celle des épicuriens, lorsqu'ils suivent l'injonction d'Epicure. « Quand un être paresseux, viveur et débauché parle de bonheur et dénomme cela épicurisme, il ne fait que mettre un bon auteur au service d'une mauvaise conduite, ce n'est pas le plaisir d'Epicure qu'il poursuit mais celui qu'il invente lui-même. » « De tels individus ne cherchent qu'à voiler leur mécréance sous le manteau de la philosophie, car le plaisir épicurien est mesuré et sévère. » Ce nom même (car beaucoup s'adonnent au mal sous son couvert) est celui par quoi on désigne une conduite mauvaise : « Ils ne cherchent qu'un prétexte, une formule, un titre à leurs débordements », en appelant leur vie « philosophie épicurienne ». En effet, si l'on fait du plaisir un principe, il faut du même coup ordonner qu'il se place sous la surveillance de la raison et de la circonspection et il doit y avoir un juste calcul du bon lieu du plaisir, quand par exemple un plaisir est lié au danger, à la peur, à l'angoisse et autres déplaisirs. De la sorte, ce qui permet un plaisir pur et sans mélange se réduit à fort peu de chose. Garder la tranquillité de l'âme en elle-même, voilà le principe d'Epicure ; et précisément cela implique de renoncer à ce qui domine les hommes, et où ils trouvent leur plaisir. Il faut vivre libre, aisé et tranquille, sans trouble ni désir.

LITTÉRATURE

PROFIL D'UNE ŒUVRE

150 **Alain Fournier,** Le grand Meaulnes
24 **Anouilh,** Antigone
25 **Apollinaire,** Alcools
64 **Balzac,** La comédie humaine
85 **Balzac,** Illusions perdues
132 **Balzac,** La peau de chagrin
41 **Balzac,** Le père Goriot
21 **Baudelaire,** Les fleurs du mal
158 **Bazin,** Vipère au poing
72 **Beaumarchais,** Le barbier de Séville
134 **Beaumarchais,** Le mariage de Figaro
16 **Becket,** En attendant Godot
40 **Buzzati,** Le désert des Tartares
1 **Camus,** La chute
13 **Camus,** L'étranger
47 **Camus,** Les justes
22 **Camus,** La peste
53 **Céline,** Voyage au bout de la nuit
172 **Césaire,** Cahier d'un retour au pays natal / Discours sur le colonialisme
88 **Chateaubriand,** Atala / René / Mémoires d'outre tombe
163 **Char,** 5 clés pour aborder l'œuvre, 5 poèmes expliqués
133 **Corneille,** Le Cid
138 **Corneille,** Cinna
154 **Corneille,** L'illusion comique
147 **Diderot,** Jacques le fataliste
33 **Diderot,** Le neveu de Rameau
121 **Duras,** Moderato Cantabile
80 **Éluard,** Poésies
81 **Flaubert,** L'éducation sentimentale
19 **Flaubert,** Madame Bovary
5 **Gide,** Les faux-monnayeurs
17 **Giraudoux,** La guerre de Troie n'aura pas lieu
76 **Hugo,** Les contemplations
01 **Hugo,** Hernani / Ruy Blas
146 **Hugo,** Les misérables
99 **Huxley,** Le meilleur des mondes
145 **Ionesco,** La cantatrice chauve / La leçon
2 **Ionesco,** Rhinocéros
32 **Ionesco,** Le roi se meurt
43 **Laclos,** Les liaisons dangereuses
112 **La Fayette,** La princesse de Clèves
67 **La Fontaine,** Fables
164 **Le Clézio,** Désert
12 **Malraux,** La condition humaine
89 **Marivaux,** Le jeu de l'amour et du hasard
29 **Maupassant,** Bel Ami
84 **Maupassant,** Le Horla et autres contes fantastiques
103 **Maupassant,** Une vie
9 **Mauriac,** Thérèse Desqueyroux
157 **Mérimée,** La Vénus d'Ille / Colomba
144 **Modiano,** La ronde de nuit
69 **Molière,** L'avare
49 **Molière,** Dom Juan
87 **Molière,** L'école des femmes
74 **Molière,** Le misanthrope
66 **Molière,** Les précieuses ridicules / Les femmes savantes
60 **Molière,** Tartuffe
65 **Montaigne,** Essais
171 **Montaigne,** Essais, Des cannibales (I, 31), Des coches (III, 6)
83 **Montesquieu,** Lettres persanes
153 **Musset,** Les caprices de Marianne / On ne badine pas avec l'amour
27 **Musset,** Lorenzaccio
165 **Nerval,** Sylvie, Aurélia
42 **Pascal,** Pensées
156 **Ponge,** 5 clés pour aborder l'œuvre, 5 poèmes expliqués
28 **Prévert,** Paroles
6 **Prévost (Abbé),** Manon Lescaut
75 **Proust,** À la recherche du temps perdu
62 **Rabelais,** Pantagruel / Gargantua
149 **Racine,** Andromaque
109 **Racine,** Britannicus
39 **Racine,** Phèdre
55 **Rimbaud,** Poésies
82 **Rousseau,** Les confessions
61 **Rousseau,** Rêveries du promeneur solitaire
31 **Sartre,** Huis clos
18 **Sartre,** La nausée
170 **Shakespeare,** Hamlet
169 **Sophocle,** Œdipe-roi
44 **Stendhal,** La chartreuse de Parme
20 **Stendhal,** Le rouge et le noir
86 **Tournier,** Vendredi ou les limbes du Pacifique
148 **Vallès,** L'enfant
79 **Verlaine,** Poésies
45/46 **Vian,** L'écume des jours
34 **Voltaire,** Candide
113 **Voltaire,** L'ingénu
35 **Zola,** l'assommoir
77 **Zola,** Au bonheur des dames
100 **Zola,** La bête humaine
8 **Zola,** Germinal

Imprimé en France — IMPRIMERIE HÉRISSEY, Évreux
Dépôt légal : 15011 - Novembre 1995 - N° d'impression : 71228